本著作获得2020年度湖南省自然科学基金项目资助，
项目批准号：2020JJ4436

光明社科文库
GUANGMING DAILY PRESS:
A SOCIAL SCIENCE SERIES

·经济与管理书系·

中国股票市场参与者非理性与公司股价暴跌风险研究

何琳洁 | 著

光明日报出版社

图书在版编目（CIP）数据

中国股票市场参与者非理性与公司股价暴跌风险研究 / 何琳洁著. -- 北京：光明日报出版社，2023.10
ISBN 978-7-5194-7503-1

Ⅰ.①中… Ⅱ.①何… Ⅲ.①投资者—情绪—影响—上市公司—股票价格—价格变动—研究—中国 Ⅳ.①F279.246

中国国家版本馆 CIP 数据核字（2023）第 185173 号

中国股票市场参与者非理性与公司股价暴跌风险研究
ZHONGGUO GUPIAO SHICHANG CANYUZHE FEILIXING YU GONGSI GUJIA BAODIE FENGXIAN YANJIU

著 者：何琳洁	
责任编辑：李 倩	责任校对：李壬杰 李佳莹
封面设计：中联华文	责任印制：曹 净

出版发行：光明日报出版社
地　　址：北京市西城区永安路 106 号，100050
电　　话：010-63169890（咨询），010-63131930（邮购）
传　　真：010-63131930
网　　址：http://book.gmw.cn
E - mail：gmrbcbs@gmw.cn
法律顾问：北京市兰台律师事务所龚柳方律师
印　　刷：三河市华东印刷有限公司
装　　订：三河市华东印刷有限公司
本书如有破损、缺页、装订错误，请与本社联系调换，电话：010-63131930

开　　本：170mm×240mm	
字　　数：245 千字	印　　张：13
版　　次：2024 年 3 月第 1 版	印　　次：2024 年 3 月第 1 次印刷
书　　号：ISBN 978-7-5194-7503-1	
定　　价：85.00 元	

版权所有　　翻印必究

目 录
CONTENTS

第一章 导 论 ·· 1
 第一节 选题背景与研究意义 ·· 1
 第二节 主要概念界定 ·· 11
 第三节 研究内容与结构安排 ·· 16
 第四节 主要观点和创新点 ·· 19

第二章 理论基础与文献综述 ·· 23
 第一节 本章引言 ·· 23
 第二节 股票市场参与者非理性的心理学基础 ····························· 24
 第三节 公司股价暴跌风险研究的理论基础 ································ 28
 第四节 公司股价暴跌风险的实证检验 ······································ 33
 第五节 文献述评 ·· 36
 第六节 本章小结 ·· 38

第三章 理论剖析与研究假设 ·· 39
 第一节 投资者情绪影响公司股价暴跌风险的机理剖析 ················ 39
 第二节 管理者过度自信影响公司股价暴跌风险的机理剖析 ·········· 41
 第三节 分析师乐观偏差影响公司股价暴跌风险的机理剖析 ·········· 43
 第四节 市场参与者非理性对公司股价暴跌风险的影响机理剖析 ···· 44
 第五节 基于中国情境的公司股价暴跌风险的拓展分析 ················ 48
 第六节 本章小结 ·· 55

第四章　中国情境下公司股价暴跌现象研究 …… 56
    第一节　本章引言 …… 56
    第二节　公司股价暴跌风险度量方法 …… 56
    第三节　中国股票市场的公司股价暴跌风险测算及分析 …… 62
    第四节　中美股价暴跌风险比较分析 …… 77
    第五节　崩盘风险度量指标的相关性 …… 77
    第六节　本章小结 …… 79

第五章　投资者情绪与公司股价暴跌风险 …… 80
    第一节　本章引言 …… 80
    第二节　研究背景与研究假设 …… 81
    第三节　研究设计与样本数据 …… 83
    第四节　实证检验与结果分析 …… 92
    第五节　本章小结 …… 99

第六章　管理者过度自信、投资者情绪与公司股价暴跌风险 …… 101
    第一节　本章引言 …… 101
    第二节　研究背景与研究假设 …… 101
    第三节　研究设计与样本数据 …… 102
    第四节　实证检验与结果分析 …… 106
    第五节　本章小结 …… 123

第七章　分析师乐观偏差、投资者情绪与公司股价暴跌风险 …… 124
    第一节　本章引言 …… 124
    第二节　研究背景与研究假设 …… 125
    第三节　研究设计与样本数据 …… 127
    第四节　实证检验与结果分析 …… 130
    第五节　本章小结 …… 133

第八章　投资者情绪、机构持股与公司股价暴跌风险 …… 134
    第一节　本章引言 …… 134
    第二节　研究背景与研究假设 …… 135

第三节　研究设计与样本数据 ·············· 136
  第四节　实证检验与结果分析 ·············· 139
  第五节　本章小结 ························ 142

第九章　产权性质与公司股价暴跌风险 ············ **145**
  第一节　研究背景与研究假设 ·············· 145
  第二节　研究设计与样本数据 ·············· 147
  第三节　实证检验与结果分析 ·············· 149
  第四节　本章小结 ························ 152

第十章　社会网络位置与公司股价暴跌风险 ········ **155**
  第一节　本章引言 ························ 155
  第二节　研究背景与研究假设 ·············· 156
  第三节　研究设计与样本数据 ·············· 160
  第四节　实证检验与结果分析 ·············· 162
  第五节　本章小结 ························ 173

第十一章　研究结论、启示与研究展望 ············ **174**
  第一节　研究结论 ························ 174
  第二节　研究启示 ························ 175
  第三节　研究展望 ························ 180

参考文献 ·· **182**

第一章

导 论

第一节 选题背景与研究意义

一、选题背景

股价暴跌，也称股价崩盘、崩溃（stock price crash），是指在没有任何信息前兆的情形下，股票市场指数或者上市公司的股票价格突然大幅度下跌的现象（陈国进，2008）。股价暴跌现象是我国股票市场最大的风险隐患，它会产生一系列破坏性的影响。一方面，它能急速引起投资者财富缩水，严重打击投资者的消费信心和消费能力；另一方面，它具有很强的风险传染能力，会扰乱资本市场资源定价的功能和效率，破坏金融稳定，触发系统性金融风险的底线，最终导致金融危机和国民经济整体衰退。习近平总书记在维护国家金融安全进行第四十次集体学习时一再强调，"维护金融安全，是关系我国经济社会发展全局的一件带有战略性、根本性的大事"。而"准确判断风险隐患是保障金融安全的前提"。"在国际国内经济下行压力因素综合影响下，我国金融发展面临不少风险和挑战。……对存在的金融风险点，我们一定要胸中有数，增强风险防范意识，未雨绸缪，密切监测，准确预判，有效防范，不忽视一个风险，不放过一个隐患。"因此，如何防范和降低股价暴跌风险，既是监管部门高度重视的话题，也是当前公司金融领域学者们关注较多的金融异象之一。

国外学者对股价暴跌的研究最早起源于20世纪80年代，学者们认为股票市场的突然暴跌，是因为股票市场存在不完全信息，是当市场中知情交易者私人信息集中释放时，非知情交易者股价集中大跌所推动的结果（Lee，1998；Cao等，2002）。后来，Jin和Myers（2006）在假定投资者信念同质、预期相同的前提下，从公司委托代理体系和公司内部管理者与外部投资者间的信息不透明视角，考察股价暴跌事件的生成机理，认为公司内部管理者由于代理问题，往往存在隐藏公司负面消息的动机，随着时间推移，当累积的负面消息达到极限时，所有负面信息集中释放，导致股价暴跌。这就是公司治理角度的管理者"坏消息窖藏假说"，它基于股价同步性的视角，强调了个股的特质性波动风险对股票市场稳定性的重要意义，将股价暴跌风险的研究视角从市场角层面移到公司个股层面。

随后，在"信息不透明"和"坏信息窖藏假说"的逻辑体系下，近年来国内外学者进行了大量的实证检验，围绕公司股价暴跌风险取得了丰富的研究成果。按照由内到外的原则，相关的研究着眼于四个维度，即公司内部管理者、公司外部投资者、市场参与第三方和制度环境（如图1-1-1），对上市公司股价暴跌的影响因素进行了分析和考察。目前，国内外学者普遍认同导致股价暴跌风险上升有两个主要要素：一是股东与管理者之间的代理问题，企业管理者出于自身的利益诉求，如出于薪酬、职业生涯影响的考虑等，选择隐藏公司的负面信息；二是信息不透明以及由此带来的投资者无作为，由于信息不透明，投资者无法有效判断公司的经营情况，无法影响管理层决策，从而导致公司严重亏损、股票价格暴跌。

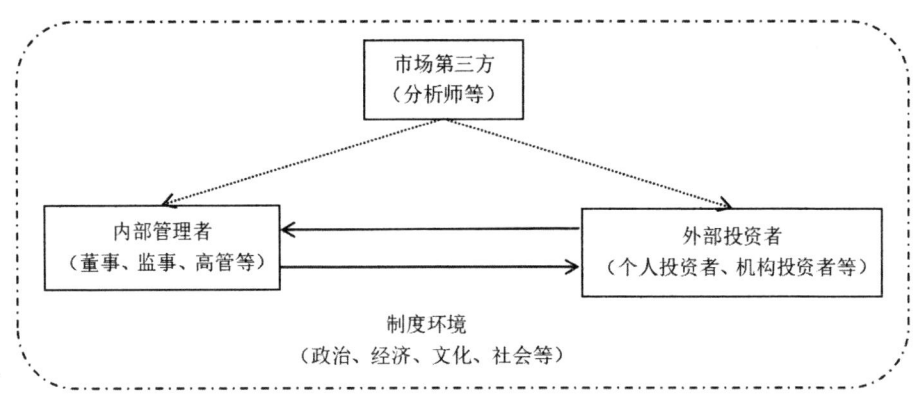

图1-1-1 公司股价暴跌风险的研究脉络

尽管"坏消息窖藏假说"对国内外上市公司股价暴跌现象提供了较好的解释，但依然无法解释股票市场中千股跌停、股价集体暴跌的现象。如果说个股的股价暴跌是源于管理层对负面消息的隐藏和突然释放，那么这一理论并不能解释千股跌停的集体暴跌现象，因为在同一时间点上并不是所有公司都存在坏消息的集中释放。1997年至2017年，短短20年间，我国股市经历了6次大的暴跌，从时间上看，平均时间为18.5个月，从空间上看，平均振幅为43.11%，最高振幅72.83%，最低振幅也达到了16.48%。最近一次股市暴跌发生在2015年6月15日至8月26日，上证指数自最高点5174点下滑至2851点，累计跌幅达到44.90%，3个月出现了16次千股跌停，其中6月26日、8月24日及8月25日跌停股票数目均超过2000家（详见表1-1-1）。巨大的市场震荡导致投资者财富迅速缩水，据中国证券登记结算有限公司统计，2015年6月至8月共减少了11.33万个500万以上的账户。针对2015年我国股票市场这场毫无征兆的股价暴跌，证监会前主席肖钢（2016）指出，"如果任由股市断崖式、螺旋式下跌，造成股市暴跌，股市风险就会像多米诺骨牌效应那样跨产品、跨机构、跨市场传染，酿成系统性风险"。因此，准确地剖析中国股票市场上市公司股价暴跌，特别是千股跌停、集体暴跌的原因，不仅是学术界无法回避的课题，还是与投资者和监管当局高度关注的问题。

表1-1-1　2015年上证指数16次千股跌停事件

千股跌停日期	跌停股票数量	当天上证指数收益率	当天上证指数开盘价	当天上证指数收盘价
2015-06-19	1096	-6.42%	4689.93	4478.36
2015-06-26	2049	-7.4%	4399.93	4192.87
2015-06-29	1578	-3.34%	4289.77	4053.03
2015-07-01	941	-5.23%	4214.15	4053.7
2015-07-02	1525	-3.48%	4058.62	3912.77
2015-07-03	1475	-5.77%	3793.71	3686.91
2015-07-06	964	2.41%	3975.21	3775.91
2015-07-07	1765	-1.29%	3654.78	3727.12
2015-07-08	915	-5.9%	3467.4	3507.19
2015-07-15	1287	-3.03%	3874.97	3805.7
2015-07-27	1861	-8.48%	3985.57	3725.56
2015-08-18	1647	-6.15%	3999.13	3748.16
2015-08-24	2179	-8.49%	3373.48	3209.91
2015-08-25	2018	-7.63%	3004.13	2964.97

续表

千股跌停日期	跌停股票数量	当天上证指数收益率	当天上证指数开盘价	当天上证指数收盘价
2015-09-01	1159	-1.23%	3157.83	3166.62
2015-09-14	1446	-2.67%	3221.16	3114.8

鉴于"坏信息窖藏假说"在解释公司股价暴跌现象时的局限性，部分学者试图从心理学、社会学的视角来补充对股价暴跌的解释。目前，行为公司金融学框架对公司股价暴跌现象的研究主要通过公司外部人（投资者和分析师）的非理性，或者公司内部人（管理者）的非理性两条截然不同的路径上。一条路径是，部分学者围绕公司外部环境，从投资者情绪、分析师乐观偏差等角度，分别探讨了有限理性的投资者、分析师与股价暴跌的因果关系。国外学者以Shiller（1989）、Hong、Stein（2003）为代表，Shiller（1989）对比了1987年美国股市暴跌前后投资者的情绪数据，发现1987年股灾前后投资者的情绪突然、急剧变化（暴跌前的过度乐观突然转为过度悲观）。Hong和Stein（2003）认为公司股价暴跌的原因是投资者的异质信念以及股市的卖空限制。国内学者以陈国进、许年行等为代表，分别论证了投资者情绪、机构投资者、分析师乐观偏差和羊群行为对公司股价暴跌的影响（陈国进和张贻军，2009；陈国进等，2010；许年行等，2012；许年行等，2013）。另一条路径，主要围绕社会心理学和行为决策科学展开，已有的研究发现，企业的决策者们普遍存在着过度自信的心理偏差（Taylor和Brown，1988；Alicke和Goverun，2005；余明桂等，2006；姜付秀等，2009；花贵如等，2010）。这一过度自信倾向表现在公司管理的过程中，决策者常常高估自己控制局面的能力和高估决策项目的未来收益，或者忽视、低估实践决策过程中出现的负面信息和恶劣环境发生的可能性，即高估成功的概率而低估失败的风险（Heaton，2002；Malmendier等，2011；花贵如等，2015）。这意味着，管理者可能是由于过度自信的心理偏差导致忽视坏消息，而并非有意识地隐藏某些坏消息，当这些坏消息所隐含的风险因素逐步积累并最终爆发时，即引起了公司股价暴跌（Kim等，2016）。基于上述分析，我们发现，管理者的过度自信行为必然是增加公司股价暴跌风险的一个重要环节，但现有文献并未对这一现象给予足够的重视，而是长期强调管理者的自利行为和代理问题，回避管理者的典型非理性特征（过度自信）对公司股价暴跌风险

的重要作用。

在现实的中国资本市场上，中国股票市场自成立以来，个体投资者一直是市场的主要参与者。根据上海证券交易所2020年统计年鉴披露，个体投资者交易金额占比86.92%，以市场参与者持有A股上市公司的自由流通市值占比衡量投资者结构，自然人投资者持股比例占50.4%，如果再剔除股份变动很小的一般法人，则个体投资者持股比例上升至59.1%。由于信息获取渠道和专业知识水平等因素的限制，个体投资者的交易行为在绝大多数情况下被认为缺乏理性，投机性强，深受情绪的影响。此外，中国的股票市场素有"政策市"之称，政策对个体投资者情绪的影响显著，政府某项政策的出台，能在不改变股票基本面的情况下，致使股市整体出现"暴涨暴跌"。例如，2016年1月4日实施熔断机制当天，股市出现"千股同跌，千股跌停"。原本为稳定市场、防止市场出现大幅波动而出台的熔断机制，反而进一步扰动了投资者情绪。由于我国机构投资者的不成熟、羊群行为严重（李志文等，2010；李广子等，2011，许年行等，2013），以及受到市场制度和监管政策的诸多限制，我国证券市场上的机构投资者是理性投资者也一直受到质疑。因此，基于我国股票市场投资者结构散户化、投资者行为情绪化的现状，我们有必要从投资者情绪视角探讨其对股价暴跌风险的作用机理及影响程度。

心理学研究表明，所有人类的认知和行为均存在非理性偏差，因此，投资者情绪作为一种典型的非理性偏差的表达，已经成为股票市场上的共识。有别于普通投资者，上市公司的管理者这个群体由于自我归因、控制幻觉与好结果的切身利益关联等原因，更容易产生过度自信的非理性偏差（张芳芳等，2017）。国内外学者的研究表明，一方面，管理者的过度自信会对公司决策产生重要影响（Shefrin，2001；陈其安等，2010；Deshmukh，2013）。另一方面，公司管理者的过度自信，还是时变的（Nofsinger，2005；Hackbarth，2009）。例如，中国人民银行通过企业家问卷调查而编制的企业家信心指数表明，受国际金融危机的影响，2008年第四季度企业家信心指数仅有94.6，而同年第一季度企业家信心指数却高达140.6。现实中的公司管理者，常常在理性与非理性之间游走，高涨或者低落的投资者情绪，恰恰是管理者乐观或者悲观的塑造者（Hirshleifer和Teoh，2008），并影响其后续的一系列财务决策活动（Nofsinger，2005；Shefrin，2007）。有时候，公司内部管理层是理性的决策者，基于对自身利益的考量，更偏好于披露积极乐观的好消息，隐藏负面的坏消息。而另一些时候，公司管理者受到投资者情绪的感染，对公司未来事件产生不切实际的过度乐观倾向，过度自信的心理往往引导管理者做出非理性的决策，无视或忽略决策所能带来的风险，随着这些隐含的决策风险不断在公司中积累导致最终爆发，即引发公司股价暴跌（Kim 等，2016）。由此可见，管理者的过度自信必然是导致公司股价暴跌的一个重要原因，然而，现有文献对此还缺乏清醒的认识，甚至长期忽视管理者的心理偏差对公司特异性风险的重要影响。目前，国外学者已经逐步认识到在美国市场上过度自信的经理人会加剧公司股价暴跌风险（Kim 等，2016），具体到中国股票市场，中国上市公司的高管们，绝大多数都是成长于红旗下，是长期接受共产主义教育的先进共产党人，迥异的文化背景和教育背景，使得他们必然与西方资本世界的经理人存在本质区别。中国股票市场大部分企业为国有企业，国有上市公司的管理者大多由政府指派，具有政治背景和政治关联，而非国有上市公司的管理者则部分是由控股家族成员担任，同样具有深厚的人情背景和社会关系，这些情况都迥异于美国，所以，很多基于美国背景的研究结论能否适应于中国情境，仍然存在很大的不确定性，有待进一步经验检验（罗进辉和黄泽悦，2017）。

证券分析师作为股票市场外部治理的主力军，在消除市场非理性泡沫、提供股票市场中信息透明度方面，被寄予厚望。中国的分析师们作为资本市场上的一支新兴力量，与西方等成熟市场的分析师相比，存在如下特点：一是我国分析师更为年轻，平均工作时间较短，从业经验不足。二是美国市场明星分析师的评选标准，更多地看重盈利预测和股票评级的准确性，而我国的分析师们，更多是靠博眼球。三是我国分析师的专业胜任能力和独立性更弱，分析师的研究报告也更加"花哨"。基于上述原因，中国的证券分析师能否有效发挥信息中介作用以促进股市的良性发展，一直是一个充满争议的话题。众多研究表明，受制于各种利益冲突，我国的分析师向市场传递的信息存在严重的选择性偏差，他们倾向于发布乐观的盈余预测与股票评级，即发布正面信息而忽视负面信息，这些乐观偏差将导致公司的负面消息难以及时披露给外部投资者，当这些负面消息累积到一定程度而最终释放时，就有可能导致股价大幅下跌而出现暴跌风险。

近年来，投资者情绪及其引致的股票"误定价"得到了学界和实务界的广泛认可（Baker 和 Wurgler，2006；崔晓蕾等，2014）。伴随着经典金融理论的核心从资产定价转向研究参与者的各类行为和结果（周亚安等，2003），当前，人们已经不再像几十年前那样关注投资者情绪的存在性，而是转而聚焦于其可能对企业实体行为带来的影响（Baker 和 Wurgler，2006）。这是因为，投资者的情绪虽然会通过多种渠道造成不同市场各类参与者财富的转移，但是，这里更值得研究的问题却是由投资者情绪所导致的微观层面的公司误决策和宏观层面的资源配置机制的失效。正如 Shleifer（2003）所指出的，资本市场效率的缺乏对公司实际决策的影响非常重要，但却又易被忽视，它的重要性程度、作用机理及其导致的经济后果是一个充满吸引力的研究领域，对这一主题资本市场的分析显然是不完全的。

中国的股票市场为研究这些问题提供了理想的研究样本和实验场所。一方面，中国上市公司的信息透明度较低，具有很高的股价同步性。Jin 和 Myers（2006）的研究表明，中国的股价同步性位列世界第一，说明中国上市公司披露的公司特有信息较少，导致股价"同涨同跌"现象严重。另一方面，相比于西方成熟市场，中国股票市场成立的时间较短，还受涨跌幅、有限卖空等一系列制度的约束，市场中的非理性泡沫缺乏合适的出口，因此，为公司股价暴跌问题的本土化研究提供了一个理想的实验场所。

现有的行为公司金融文献都是围绕外部参与者（投资者或分析师）非理性或者内部管理者非理性两条路径的其中之一开始展开的（Baker 等，2004）。一条路径强调外部参与者（投资者或分析师）的有限理性，将内部参与者（管理者）行为视为股票市场误定价的理性反应；而另一条路径则强调管理者的非理性，隔离投资者的有限理性，着重研究管理者心理偏差对其自身管理决策带来的影响。然而，在现实股票市场中，各类参与者（投资者、分析师和管理者）之间的非理性往往是共存的，因此，现有研究对股票市场参与者们的"经济人"假设是抛弃得不够彻底的。为了更加接近真实的世界，本书更为彻底地抛弃"理性经济人"假说，将经济均衡和社会均衡联系起来，认为经济系统的状态应该被看作社会系统一般状态的一个特例。基于上述分析，本书试图将股票市场参与者（投资者、公司管理者和证券分析师）的非理性统一纳入一个框架内展开研究，将管理者过度自信、分析师乐观偏差这些典型的股价暴跌非理性影响因素作为代理变量，试图探讨投资者乐观或悲观情绪对管理者过度自信（或分析师乐观偏差）的塑造作用，及其对公司所造成的经济后果。这些研究拓展了行为公司金融理论的研究维度，丰富了股票市场参与者非理性偏差影响公司暴跌风险作用机理的相关文献，并为市场参与，各方理解股价暴跌风险提供更为宽广、更为深入的现实基础，为金融监管政策与市场稳定性操作提供理论基础和政策分析工具。

二、研究意义

(一) 理论意义

股价暴跌作为一种恶劣的经济后果，其治理机制尤其需要关注。本书以股票市场的三类主要股价影响者——投资者、公司管理者和证券分析师的非理性为研究对象，结合中国股票市场的独特情境，研究我国上市公司股价暴跌风险的影响机制，从理性与非理性在不同情景下的动态转换，投资者、管理者和分析师的多重路径，补充和完善了公司股价暴跌风险的生成机制与生成路径，为股价暴跌风险研究提供了全新的视角和丰富的文献。

现有的行为公司金融理论大多依循两条相对独立的路径展开研究：一条路径强调股票市场投资者和分析师的有限理性，将公司管理者的决策行为视为对股票误定价的理性反应。公司治理等理论意识和公司决策者的行为对于公司的命运来说非常重要，但这些理论仍然将管理者设计成理性决策者，其行为仍然满足理性决策法则。另一条路径则强调公司管理者的有限理性，但隔离并忽视投资者和分析师的非理性，着重研究管理者的心理偏差或有限理性行为对其自身的管理决策造成的各类影响（Baker 等，2004；Polk 和 Sapienza，2009）。在现代企业中，投资者和管理者共同掌握着公司资源的所有权与配置权，分析师是投资者和管理者之间的信息传递者，他们三者的非理性往往是共存的（Baker 等，2004），因此，无视投资者、管理者与分析师任何一方的非理性情绪和认知偏差等影响因素均无法真实刻画其对公司未来的影响。显然，学者们开始意识到了此问题的重要性，并展开了一系列有益的探索（Nofsinger，2003；花贵如，2010；余丽霞和王璐，2015；唐玮，2017），但其研究广度远远不够，在公司风险的极端风险领域的研究，至今无人涉及。因此，本书更为彻底地抛弃"理性经济人"假说，延续 Shleifer（2003）、Baker 等（2004）、Nofsinger（2005）、Montier（2007）和 Fairchild（2007）等的研究展望与分析逻辑，将这三类对公司股价影响深远的主体的有限理性纳入同一框架开展研究，试图探究投资者情绪对内部管理者的过度自信，和外部治理主体分析师的乐观偏差的塑造作用，以及他们之间的传染互动对公司股价暴跌这一极端事件所形成的影响，这大大拓展了行为公司金融理论的研究宽度，丰富和夯实了市场参与者在非理性干扰公司股价暴跌风险的内在逻辑和理论基础。

鉴于此，本书选取中国股票市场中的上市公司作为研究对象，深入探讨市场中各类参与主体对公司股价暴跌这一恶劣经济后果影响的存在性、影响机制及其可能的经济后果。并且，本书承接公司金融的一般逻辑思维，基于管理者的理性与非理性双重假设，动态构建投资者情绪与管理者过度自信和分析师乐观偏差的传染路径，系统阐释投资者情绪作用于公司股价暴跌的影响机制，拓展和弥补现代公司金融理论在股价暴跌风险领域的研究视角和研究范畴。具体而言，本书的理论意义主要有如下几点：

第一，基于行为金融学、公司金融学、社会影响学等理论及研究成果，递进式推演市场参与者非理性的逻辑框架下，以行为公司金融和社会影响理论为视角，系统性阐明投资者情绪影响公司股价暴跌风险的作用机制和多重路径，有助于更加深入了解个体的决策行为（管理者、分析师的决策）是如何受到社会影响（投资者情绪）的理论问题。

第二，在股票市场参与者非理性这统一逻辑框架下，将投资者与公司管理者和证券分析师这三类决策主体的心理因素共同引入其中，分析他们的情绪联动机制和最终对公司股价暴跌风险的影响，不仅有助于理解市场参与者非理性行为背后的动机，还能挖掘公司内部企业管理决策的动态选择机制，窥探投资者情绪对管理者同质心理和分析师从众心理的"塑造"，逐步深刻理解市场各方个体决策者（管理者过度自信、分析师乐观偏差）在市场群体力量（投资者情绪）增大公司股价暴跌过程中的媒介作用，弥补和拓展了行为公司金融理论有关公司主体情绪在公司风险管理领域的研究视角与范畴。

第三，结合制度设计与社会情境，从心理视角充分考虑中国社会的各类情境，分类阐明投资者控制权特征、国有产权制度安排、突发极端事件和社会人情关系网络等因素在投资者情绪干扰公司股价暴跌风险过程中的介入与调节作用。这一方面有助于充分理解社会情境对情绪传染的影响机制，理解制度设计对公司命运和公司发展的重要影响；另一方面也丰富和完善了公司股价暴跌风险治理领域针对中国情境的研究成果与经验证据。

（二）实践意义

2015年"千股同跌，千股跌停"的股灾及其引致的实体经济危机至今仍在不断上演，此时，我们不禁开始反思，虚拟经济如何影响实体经济？它的路径或工具有哪些？我们可否通过情境设计或制度安排来"校正"虚拟经济对实体经济的负面影响？这些问题，都已成为中国经济下行调整时期和后疫情时代监管层最为关注的重大现实问题。但是，研究虚拟经济对实体经济产生影响的现有文献，大都是基于宏观角度探讨社会总量（例如，投资支出）与股票指数的关系，因此，本书基于中国资本市场特殊的制度情境，研究投资者情绪影响微观企业的实体决策行为，尤其是其极端暴跌风险的管理行为，具有突出的现实意义。

第一，本书提出了从微观企业视角深入思考资本市场作用于实体经济与资源优化配置的研究范式，在经济运行中嵌入心理因素、社会因素与制度因素，能有效检验虚拟经济对实体经济的"助推器"功能。为规范和完善我国资本市场的制度安排，提升我国企业决策的科学性和极端风险治理水平，为我国供给侧结构性改革和经济转型升级提供有益思路和途径。

第二，与西方资本市场比较，中国股票市场起步较晚，非理性因素众多。其中典型的特征即是市场充斥着非理性投资者的情绪，股票价格波动剧烈，股价暴涨暴跌现象严重。股票市场中高涨抑或低落的投资者情绪如何通过股票价格这一媒介，传递到实体企业的管理决策中？证券市场的信息媒介和外部治理的主力军（证券分析师），以及上市公司管理决策的拍板人（公司管理者）在此影响过程中，到底扮演着什么"角色"？对这些问题的深入思考，有助于深刻理解虚拟经济所产生的情绪泡沫如何影响着实体经济，为当前的整体经济下行期和后疫情时代提供对虚拟经济的有效治理途径，为发掘积极影响机制提供经验证据和微观支持。

第三，公司管理者是公司决策和公司价值提升的关键，优化公司决策，合理选聘管理者至关重要。本书有助于公司所有者理性认识管理者行为的"两面性"（理性和过度自信），充分理解"过度自信"在接受挑战、渡过难关时所发挥的积极作用，也要清醒认识管理者过度自信的负向作用。本书研究的成果能够为公司人力资源在实践扬长避短，制定科学有效的高管选聘和薪酬管理制度，发挥管理者性格优势，增强企业决策科学性，合理规避企业极端风险，提升公司价值，提供经验证据和理论支持。

第四，证券分析师作为投资者与上市公司之间的信息传递中介，是股票市场信息治理的关键因素。本书有助于市场监管者正确认识证券分析师的非理性特质，合理设计股票市场信息披露制度和证券分析师市场的监管机制，合理规避分析师自身偏差所带来的信息偏误，增强分析师预测盈余的科学性，规避分析师非理性偏差，提升分析师预测报告的公正性，为研究价值提供经验证据和理论支持。

第二节 主要概念界定

一、股价暴跌风险

股价暴跌风险也被称为股价崩盘风险或者股价崩溃风险，它是指股价向下剧烈波动的一种现象，它包含两种情形：当市场或者个股价格存在泡沫时，泡沫的突然破裂属于暴跌；当市场大盘或者单只股票不存在泡沫时，股价的大幅下降也属于暴跌（Brunnermeier，2001；陈国进，2008）。其具体表现是在市场中没有任何公开信息征兆的情况下，股票市场指数或者公司股票价格大幅下挫，而且这种跌幅是短期内没有下限的波动，个别或少量股票价格的暴跌会导致这些股票分文不值。整个市场指数的暴跌不仅会给投资者的财产带来极大的损失，还会严重破坏市场资源配置秩序，甚至蔓延到社会经济的各个方面（曹丰等，2016）。Hong 和 Stein（2003）对股价暴跌进行了定义，认为股价暴跌通常具有三个特征：（1）暴跌通常是股票价格大幅的负向运动，它往往在没有明显重大消息出来的情况下出现；（2）更多的股价变化表现为下跌，而并非股价上涨，股票价格变化呈现出典型的不对称特点；（3）暴跌存在传染性，可能少数股票的价格下跌会引起整个行业或市场的股价下挫，也可能某个市场的股价暴跌引发其他市场的资产价格下挫。

基于此，本书研究的股价暴跌风险主要是从个股层面分析上市公司股票价格暴跌的概率或者说可能性。个股层面的股价暴跌风险往往伴随着三个特点：（1）无公开信息支持，在上市公司股价剧烈下挫的前夕，市场上并没有明显能够被投资者识别的负面信息，而是个股股价突然地向下波动，且短期内下跌幅度呈现无底洞的情形；（2）股票收益的不对称性分布，个股股价剧烈波动的方向往往是向下的，个股股价下行的幅度和频率远远超过其股价上行的情况；（3）传染性，个股或者少部分股票价格的巨幅下挫极大可能会影响到市场中其他股票的合理定价，最终这种暴跌趋势会蔓延到整个资本市场。

二、投资者情绪

情绪起源于心理学，是一组主观认知体验的总称，由各种感觉、思想和行为结合产生的心理和生理状态，包括喜欢和爱等积极情绪、愤怒和恐惧等消极情绪，个体的认知能力和变化的外部环境都会影响情绪。金融市场的投资者由于非理性因素的存在，在进行投资决策活动时，必然会受到情绪的影响。行为金融学者将这些与做出投资决策相关的情绪称为投资者情绪，然而，投资者情绪的确切定义在学术界一直存在争议，尚未完全统一。投资者情绪源于投资者的非理性心理，由于投资者心理的复杂性和金融市场的不确定性，在投资决策过程中产生的情绪也具有复杂性，很难直接理解投资者的感受。在目前的相关研究文献中，学者们从不同角度对投资者情绪的定义进行了阐述，但尚未达成共识。Lee 等（1990）对投资者心理的初步定义表明，投资者情绪被视为投资者基于心理情绪对资产价格走势的判断，而这种判断的根源在于投资者的非理性因素造成的认知偏差；Brown 等（2004）的定义更直观，即投资者情绪是考虑投资者对金融资产价格乐观或悲观的预期；Baker 等（2006）将投资者情绪视为投资者的预期和投机倾向。国内也对投资者情绪的定义进行了广泛研究，例如王美今（2004）、饶育蕾（2017）等对投资情绪的定义概括为投资者的预期偏差。刘志峰（2015）将投资者情绪定义为投资者在投资决策过程中对金融资产价格产生的预期，而这些预期是有系统偏差的，这与国外学者的定义基本一致。

不可否认的是，学者们对投资者情绪这一定义在很大程度上考虑了实际研究的需要。上述定义都是直接从金融资产价格的角度进行概括的，因为投资者情绪的衡量往往与资产定价的相关研究有联系。胡昌生等（2012）指出，无论如何定义投资者情绪，最终都会体现在金融资产价格上，引起资产价格的偏离。既然如此，从金融资产价格预期的角度来定义投资者情绪，这对我们在实际的研究中来理解这一概念是大有助益的。当然，对投资者情绪定义的争论仍将持续，正如 Wurgler（2012）所指出的，投资者情绪简单来说是一种非传统的偏好，是投资者对金融资产报酬和风险的一种非贝叶斯信念。这种宽泛的定义尽管能够使大家在更广泛的立场上达成一致并避免一些争论，但由于其所指代的含义并不清晰，其界限也十分模糊，因此这种定义并不利于实际研究的开展。事实上，在不同的研究环境中，投资者情绪的基本内涵是相同的，但具体含义略有不同。

在现有的研究中，投资者情绪的定义可以从两个角度进行概括：一种是基于心理学理论，将其定义为通过心理或认知而形成的主观信念；另一种是基于金融经济学，将其定义为金融资产的错误定价或系统性心理偏差。国内外学者对"投资心理"的表述虽然不同，但其本质属性是不可改变的，即由于投资者心理偏差等非理性因素，短期内证券价格要么过高、要么过低，长期偏离金融资产的内在价值。

鉴于本研究的目的是探究投资者对个股构建的预期情绪或信念对公司股价暴跌风险的影响，因此，本书对"投资者情绪"界定为，投资者在投资决策过程中产生的对单个金融资产价格的一种预期，并且这种预期是具有系统性偏差的。本书对投资者情绪的定义与当前学术界的主流定义并不冲突，也没有加入我们所赋予的任何新的含义，仅仅只是对以往各种定义的简单综合，但是从该定义中可以看出，投资者情绪具有两个十分关键的特征：一是投资者情绪预期是具有偏差的，二是这种预期偏差是系统性的。这两个特征是由投资者的非理性因素造成的，这也是传统金融理论中的投资者预期与投资者情绪的区别。从直观上看，当投资者对金融资产的预期价格高于其实际价值时，投资者情绪高涨；当投资者对金融资产的预期价格低于其实际价值时，投资者情绪低落。我们后续将看到，目前的研究对投资者情绪的衡量正是因为这些指标可以在一定程度上反映投资者对金融资产价格乐观或悲观的预期。

三、管理者过度自信

在传统的金融学研究模型中，我们通常假定个体的行为是理性的。然而，许多行为金融学研究表明，人们的行为往往偏离理性假设，表现出过度自信、羊群行为等非理性特征，其中，"过度自信"是被经济学家论述得最多的认知上的偏差之一。许多心理学研究表明，人们倾向于对未来事件不切实际的乐观，往往低估不良结果的水平和频率，并倾向于高估有利结果的水平和频率，并且这种过度自信是广泛存在的（Frank，1935；Weinstein，1980）。例如，资本市场中的投资者往往对整体经济水平、证券市场的前景和投资的未来收益有更高的估计，总是期待发生在自己身上的好事要比别人更多一些。

随着行为金融学的发展和深化，学者们将公司决策者的行为研究与行为金融学的基础理论和研究方法相结合，从管理者行为特质的角度补充完善公司治理和公司决策行为方面的研究。例如，有研究指出"过度自信"的管理者在对外扩张方面具有过度投资的倾向，这是因为，他们通常坚信自己具备超出自己实际水平的能力，对未来保持积极乐观的心态，并为自己设定较高的目标。Roll（1986）认为，企业并购时，管理者的"过度自信"可能会造成"赢家诅咒"。Glaser 和 Weber（2007）的研究表明拥有"过度自信"管理者的企业通常会进行更多的投资,这些投资现金流量的敏感度也更高,这种现象在财务受到严格限制的企业中更加明显。Shefrin(2005)的一项研究发现,"过度自信"会对企业投资决策、融资行为、公司治理等产生重大影响,过度自信和过度乐观的管理者更可能在市场不景气的情况下发起并购。叶蓓(2016)认为,"过度自信"的决策者一般会对自我能力和环境产生错判,从而导致决策的次优选择。自信的管理者倾向于对内研发而投资不多,这与外部扩张的投资过度形成鲜明对比。Jean-Sebastien(2010)以风险投资的 IPO 企业为样本,来研究过度自信对于企业管理者投、融资行为的影响,研究表明,"过度自信"的管理者往往对研发投入较少,其资金对现金流更加敏感,在筹资方面,此类管理者愿意承担的资金成本也相对较小,管理者的上述行为最终导致其所在企业的绩效要稍差一些。部分学者还探讨了"过度自信"的管理者对企业价值增长的积极贡献。Long 等(1990)研究发现,"过度自信"的管理者往往行动快速,容易获得先动优势,从而获得更多的利润。Gevais、Heaton 和 Odean(2011)的研究表明,"过度自信"的管理者更加努力,对于股权人而言,雇用一个中度乐观的管理者价格则相对低。在公司分红的过程中,管理者"过度自信"会导致公司股息的增加(De Angleo,1996),"过度自信"的管理者更倾向于债务筹资。Heaton(2002)认为"过度自信"的管理者会高估公司未来的现金流,认为市场会低估公司的证券价值,因此不会进行外部融资,另外,和债券价格相比,股票价格对于市场预期更为敏感,因此,"过度自信"的管理者认为股权筹资比债务筹资的成本更高,从而更倾向于债务筹资,这为优序融资理论提供了新的解释。同样,Hackbarth(2009)认为"过度自信"的管理者会低估财务困境的风险,高估公司的盈利能力,他们会倾向于较高的债务筹资,频繁发行新债,形成更短的债务期限结构。

在上述文献中,常常与"过度自信"紧密联系的另一类心理是"过度乐观"。"过度自信"源于认知心理学术语,"过度自信"是一种因人们对自身能力和知识面过高估计,而产生的高估判断精度和正确性的偏差(Shefrin,2007)。在部分文献中,"过度自信"和"过度乐观"是两个经常互相通用的词汇,用于描述创业者及其他个体的特征。"过度自信"强调了个体对自我能力的评定,评价的对象是个体自身,"过度乐观"更多是指个人对环境和预期的想法,反映个人对未来积极结果或状况的预期。作为人格变量,"过度自信"是个体特征与其所处环境相互作用的产物,其产生是个人特质与外部环境互相影响的结果。已有的心理学研究发现,个体的基因遗传、早期的生活经历以及文化背景等因素都可能会影响到个体的乐观程度，一旦形成就具有相对的稳定性。在心理学文献中，Scheier 和 Carver（1994）认为乐观是指个体总体上对未来积极结果的期望。Dember 等人从更广泛的角度定义了乐观，认为乐观是一种积极的生活态度，这不仅包括对未来生活的期盼，还包括对现在生活的看法和评价。Gevais 等（2011）认为"过度乐观"是个体认为令其满意的预期事件的发生可能性要大于实际发生可能性的信念，陈野华（2006）则认为"过度乐观"是指人们主观认为事件的预期结果将比其基本情况好。

从上述"过度自信"和"过度乐观"的界定中，我们可以看出，"过度自信"和"过度乐观"存在内涵上的一致性和关联性（Shefrin，2007；Hackbarth，2009）。"过度自信"特指主体过分相信自身能力和知识，高估判断的精度与正确性，是一种个体特质，过度自信的管理者都极度地深信自己观点的正确性（Shefrin，2007）。过度自信的个体中包含着过度乐观，当过度自信的个体在估测未来时，其过度乐观的特质，经常也是时变的，这是因为外部情境可能引起个体发生"感知性扭曲（perceptional distortion）"。例如，中国人民银行通过企业家问卷调查而设计和计算出的企业家信心指数表明，受国际金融危机的影响，2008 年第四季度企业家信心指数仅有 94.6，而同年第一季度企业家信心指数却高达 140.6。

综合现有研究，本书中所指的管理者过度自信与过度乐观是一个通用概念，过度自信与过度乐观是同时存在的。"过度自信"（或"过度乐观"）代表一种普遍情绪，会随环境的变化而变化，更为重要的是，管理者过度自信与投资者情绪经常是同时存在的（Baker 等，2006）。因此，在本书中，"管理者过度自信"一词被定义为管理者在做出公司决策时高估了自己的工作能力和个人判断信息的准确性，从而高估了公司预期的收益和成功潜力，低估风险和不良事件产生的心理偏差，体现了管理者对预期报酬过度自信的情绪。

四、分析师乐观偏差

证券分析师，作为资本市场的信息中介，他们通常利用专业知识来跟踪和研究某些特定行业，定期发布包含各项盈利指标（每股收益、市盈率、净利润、每股经营现金流等）和股票评价（买入、增持、持有、减持、卖出）的研究报告。其中，每股的盈余预测是最基本的指标，它也是投资者对上市公司进行价值评估或投资决策的重要依据，大量的文献表明，证券分析师的盈余预测存在着明显的乐观偏差（DeBondt 和 Thaler，1990；许年行等，2012；游家兴等，2013；谢德仁等，2019）。

目前文献从心理学、行为决策学、社会学等视角推演，总结出分析师发布过度乐观的盈余预测报告的原因分为战略性迎合动机和心理偏差动机两类。前者是在信息不透明的环境中，分析师与公司管理层、机构投资者等多方关系存在利益冲突，分析师出于自利动机（获得更多的佣金收入、取悦公司高管、获得内部信息、更多的投行业务等），偏向于发布有利于上市公司或机构投资者的好消息（原红旗和黄倩茹，2007；Agrawal 和 Chen；2008；Groysberg等，2011）。后者主要从分析师自身的有限理性角度分析乐观偏差的成因，认为分析师也是普通人，也必然存在认知偏差和过度自信等固有的个体特质，而这些非理性偏差正是分析师盈利预测存在乐观倾向的主因（Gilles等，2006；许年行等，2012；周冬华和赵玉洁，2016；郑珊珊，2019；张龙文和魏明海，2019）。本书所指的分析师乐观偏差，是以心理学和行为学为理论基础，认同证券分析师仍然属于非理性个体，其自身还是存在认知偏差，而这些非理性偏差会受到特定环境的影响，从而导致分析师提交的盈利预测报告存在着明显的乐观偏差。

第三节　研究内容与结构安排

一、研究内容

公司股票价格暴跌会给经济和投资者带来巨大的伤害，尤其是历史上每一次金融危机的爆发，无不是一系列公司股价暴跌所引起的连锁反应。近年来围绕委托代理思想，主流的观点认为公司管理者出于自利动机，窖藏坏消息，一旦坏消息积累到阈值，即会触发股价暴跌，遗憾的是，这一理论无法很好地解释"千股同跌"的股灾。行为金融学派另辟蹊径，从投资者情绪和市场参与者异质信念的视角，较好地补充了委托代理理论的不足，目前学者们均认同投资者情绪、管理者过度自信和分析师乐观偏差是股价暴跌的影响因素。然而，现实的问题在于，这些研究都隔离了股票市场参与者之间的非理性，仅仅专注于考察某一方的认知偏差对公司股价暴跌的影响，而回避非理性是人类的通病，情绪能够相互传染,这就造成了监管层对公司股价暴跌风险的认识不足,积聚了实体经济和资本市场的潜在危机,在国际经济下行时期和后疫情时代,加大了我国资本市场守住不发生系统性金融风险底线的难度。因此,本研究引入心理学和社会学的研究成果,把论文写在祖国的大地上,试图回答在中国式投资者情绪的渲染下,长在红旗下的中国管理者,是否真如委托代理理论所述,时刻以自利为动机,理性迎合投资者,隐瞒坏消息,积累起企业未来的暴跌风险?本应作为外部治理主力军的中国证券分析师,是否发挥出应有的信息揭露作用,抑制了部分公司暴跌风险?抑或是分析师们在投资者情绪的感染下随波逐流,推动着公司股价进一步暴跌?是否良好的公司治理机制或者积极的制度安排就能够缓解公司股价暴跌风险,而败坏的制度环境一定会加剧公司股价暴跌风险?这些治理效应的基本逻辑是什么?为了回答上述问题,本书分为两部分,第一部分集中讨论基于投资者情绪、管理者过度自信和分析师乐观偏差框架下公司股价暴跌风险的成因和理论逻辑,第二部分则围绕着这一观点在中国情境下展开一系列实证检验。如此,先确立中心,再实证检验,这两部分有理有据,相互支持,互相呼应。

  第一部分包括一至三章。聚焦于在委托代理理论框架中,全面放宽非理性假设,从投资者、管理者和分析师多维非理性视角阐明公司股价暴跌现象的成因。第一章从现实角度指出,历史上每一次具有重大破坏力的股市暴跌,往往不是因为公司治理机制失灵或信息不透明,更深层次的原因是市场参与者们非理性情绪的合力释放。第二章从文献角度综述了股票市场参与者非理性表现的心理学根源、增大股价暴跌现象的理论基础,以及公司股价暴跌的现实效果。第三章从理论角度,基于公司治理、情绪传染和社会影响理论的多维推演,旨在厘清投资者情绪导致公司股价暴跌的过程中,分析师乐观偏差和管理者过度自信行为在其中所起的作用。

  第二部分包括四至十一章,开展了递进式本土化研究,为第一部分的理论提供了重要的经验证据,凸显出第一部分所阐述思想的重要意义。首先,第四章,基于全局视角,大概描述了中国股票市场2001—2020年间公司股价暴跌现象。其次,围绕"投资者情绪导致公司股价暴跌"的主逻辑,第五章考察中国式投资者。基于以散户为主导,投机性更浓,非理性泡沫更多的中国背景;第六章中国式管理者考察,他们大多成长于红旗下深受东方文化熏陶,且绝大多数是思想过硬的优秀共产党人或民主党派杰出人士,具有较少的自利、更多的自信和集体主义思想。第七章考察中国式证券分析师,他们的特点是独立性较

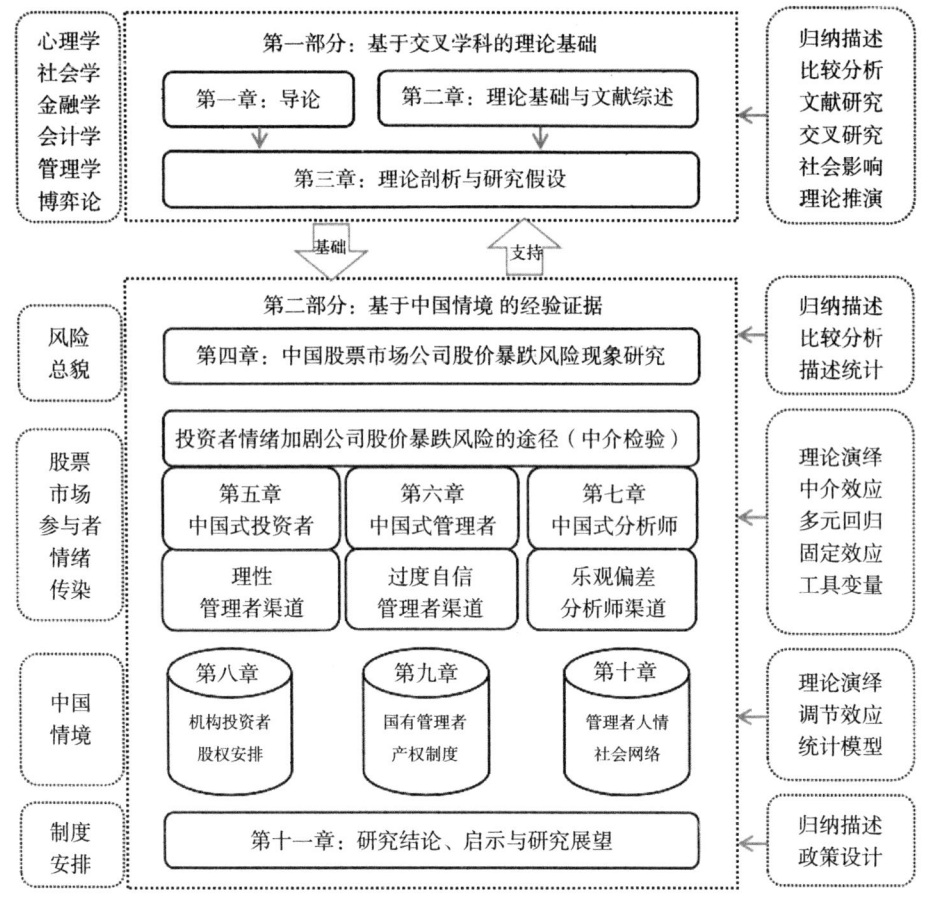

图 1-3-1　研究框架

低，羊群行为更严重。五至七章共同运用中国资本市场的经验数据，证明了个股投资者情绪是公司股价暴跌的原因，且它存在三条中介途径：一是管理者的理性迎合或自利动机（符合主流委托代理理论），二是管理者过度自信，三是分析师乐观偏差。再次，社会影响理论告诉我们，个体的非理性行为，会随着他们所处的环境变化而发生变化。因此，八至十章基于不同的中国情境，来考察不同环境背景下投资者情绪、分析师乐观偏差和管理者过度自信的变化。八至十章依次引入"机构投资者情绪""国有企业管理者的过度自信"和"社会网络关系中的管理者过度自信"三大中国特色环境背景，在阐明投资者情绪增大公司股价暴跌的过程中，机构投资者持股的治理效应、国有产权制度安排的调节效应和非制度安排（社会关系网络）的替代效应的实施效果，给监管当局和广大研究者提供中国资本市场的经验证据。第十一章得出结论，根据理论与实证结果给出系统的研究结论，指出了可行的治理对策，并点明该研究的现实意义。

二、研究方法

本书融合了规范研究与实证研究，采用行为金融学、心理学、公司财务与企业管理等相关学科的主流研究方法。具体的研究方法包括：

（1）跨学科研究方法：本书立足于探究股票市场多主体间非理性与公司股价暴跌现象之间的内在联系，因此，需要借助心理学、社会学、计算科学的观点和方法融入论述和实证分析，结合金融、管理学科的解读，才能获得较为全面和准确的理解，并描绘出相对明晰完整的逻辑。

（2）规范研究法：本书应用了包括文献研究、归纳描述、理论演绎和比较分析等规范研究方法。文献研究主要应用于市场参与者非理性的心理学基础、公司股价暴跌风险的理论和经验研究中；归纳描述主要用于刻画中国式投资者、管理者和分析师的特征，并描述中国股票市场的情境场景；理论演绎主要通过委托代理、决策心理和社会影响等理论的归纳与演绎，描绘出投资者情绪、管理者过度自信、分析师乐观偏差的相互影响、动态博弈，最终传导到公司股价暴跌风险的逻辑路径中；比较分析主要用于依据机构持股比例、产权性质、行业特征的不同来比较参与者的非理性对公司股价暴跌的影响。

（3）模型研究法：本书的实证部分采用多种统计模型对研究假设进行检验，具体包括多元回归模型、中介效应模型、有调节效应的中介模型和主成分分析、描述性统计、面板固定效应回归等方法。本书还采取了包括替换变量、更换实证模型、Winsorize（缩尾处理）以及工具变量等手段，对研究结论进行了稳健性检验。

第四节 主要观点和创新点

一、主要观点

在上述思路下，本书试图在后续的章节中，用理论阐明和用实证检验如下四点代表性观点：

第一，对公司股价暴跌现象的研究，需要融入股票市场参与者非理性相互交叠的视角。以往的研究往往隔离股市参与者的非理性假设，仅选取其中一类参与者的有限理性进行理论推演，这种做法忽视了非理性行为是人类的通病这一点，而且股票市场存在非理性的相互传染和相互影响。彻底放宽股票市场参与者的非理性，承认参与者之间的非理性传染，对于深度理解和认识公司股价暴跌现象，具有深远意义。

第二，历史上所有触动了系统性风险底线的股价暴跌现象都表明，投资者情绪是导致公司股价暴跌的重要原因之一。投资者情绪增大了公司股价暴跌风险的途径，存在三种渠道。一是理性管理者由于迎合投资者情绪而去自利的动机，隐藏消息积累风险，达到阈值后引发公司股价暴跌（与主流委托代理理论一致）；二是通过管理者过度自信的中介渠道；三是通过分析师乐观偏差的中介渠道。后两者的非理性行为，都是在不知不觉间被投资者情绪感染而加剧的。

第三，合理的制度安排能够部分消除投资者情绪对公司股价暴跌现象的影响。其一，机构投资者情绪作为投资者情绪中的理性部分，设计合理的机构持股制度和持股比例，能够通过机构投资者的理性情绪抑制管理者的过度自信，从而降低公司未来股价暴跌的风险。因此，恰当的机构投资者持股安排是降低公司股价暴跌风险的"稳定器"。其二，国有管理者是中国特色制度安排的产物，他们大多具有多重身份，带领企业追求多重目标，因而国有管理者过度自信，受投资者情绪的感染程度相对较小，从而在投资者情绪引发公司未来股价暴跌的过程中，管理者过度自信的中介效应显著下降，进而有效减小公司未来股价暴跌概率，因此，国有产权的制度安排是公司股价暴跌风险的"调节器"。

第四，股票市场参与者的非理性在不同情境之中，其表现形式和影响程度截然不同。当管理者过度自信置身于理性环境时，如，更多受机构投资者专家情绪的影响，管理者也会趋于理性。当管理者拥有过多的社会资源时，过度自信心理可能会使他们忽视某些重要信息。当重大突发事件发生，导致投资者、分析师和管理者均置身于未知的恐慌情绪之中时，他们的情绪会短暂地处于恐慌和悲观状态中，从而忽视一切其他信息，集体悲观地看跌股票市场，从而不可挽回地导致市场暴跌。

二、主要创新点

本书的创新之处，主要体现在如下三个方面：

（1）研究理论的创新。目前，行为金融学对情绪介入股价暴跌问题的研究沿用两条独立路径展开：一是强调投资者情绪或分析师行为偏差，将公司决策视为企业管理者对资本市场误定价的理性反应；二是着重强调公司内部管理者的非理性特质，隔离资本市场外部参与者（投资者、分析师）的非理性心理，将公司股价暴跌解释成管理者过度自信等认知偏差的经济后果。本书试图彻底打破"完全理性"的束缚，将投资者、分析师与公司管理者的非理性纳入同一框架中，借鉴社会心理学理论，从"情绪传染"和"社会影响"的行为路径出发，首次系统地、全面地剖析了股票市场主要参与者们的非理性情绪及其互动，影响上市公司未来股价暴跌行为的途径，研究结论拓展了行为公司金融理论在风险管理领域的理论维度，为中国情境内的股票市场参与者的非理性联动和情绪传染提供了崭新的经济后果和经验证据。

（2）研究视角的创新。运用金融学、管理学、心理学、社会学等学科构建了一个内在逻辑自洽的系统性理论框架，在交叉理论支持下，围绕微观企业的管理决策活动，通过刻画心理因素在市场经济运行中的作用与互动，围绕"外部（投资者、分析师）—内部管理者—股价暴跌"的行为路径，窥探市场情绪（投资者情绪）对公司内部决策主体（管理者）和外部治理主体（分析师）的行为影响与情绪"塑造"，深入刻画管理者和分析师行为背后的动机，洞悉企业内部决策的选择机制，深掘公司外部治理机制的失灵源头，横向拓宽了已有公司股价暴跌风险的研究广度。

（3）应用价值的创新。以中国情境为背景的本土化研究获得了新发现。虚拟经济如何影响实体经济，制度设计如何"校正"虚拟经济对实体经济的不利影响，已成为全球经济下行时期和后疫情时代监管层关注的重大现实问题。本书把"论文写在祖国的大地上"，扎根于中国式投资者、中国式管理者和中国式分析师，结合中国制度环境的三大情境，即理性机构投资者的股权安排、国有管理者的产权制度和融入人情关系的管理者社会网络，基于情绪会因环境而变化的理论逻辑，证实了在正常市场环境下，机构投资者持股制度起到了"稳定器"的作用，而国有产权制度能发挥调节作用。在浓厚的人情关系网络里，股权治理或产权优势会有所削弱，非理性情绪起到了主导作用。这不仅有助于从微观企业的视角，有效识别机构投资者在资本市场所扮演的角色，深入理解国有制度因素如何干预和影响公司决策的基本理论问题，还补充了公司股权结构、产权制度、突发事件和社会网络等维度的经济后果，对公司治理与风险监管具有重要的参考价值和应用价值。

第二章

理论基础与文献综述

第一节 本章引言

公司金融发展至今，资产组合理论（Markowitz，1952）和资本资产定价模型（Sharp，1964；Linter，1965）等的发现，有一部分股票市场风险可以采用投资组合的方式予以降低，另一部分风险，即系统风险，是投资者需要承担的无可分散的市场风险。之后，Fama（1970）提出有效市场假说（EMH），指出一个市场是否有效，取决于市场价格能否迅速传递所有市场信息。

在金融实践中，人们却发现资本市场往往是无效的。尤其是20世纪50年代以来，股票市场多次爆发股价异常现象，例如股票过度波动之谜，处置效应、羊群效应等，系统风险并不能完全决定股票的未来收益，股票价格总是存在着偏差。在此基础上，Fama和French（1993）用账面市值比（BE/ME）、市值（ME）和系统风险系数 B 三因子模型来解释公司股票未来的收益率，发现当只考虑系统风险系数 B 时，该模型的解释力水平相对较低，加入市值和账面市值比后的解释力很强，这说明市场上存在着大量没有被系统风险所包含的额外风险，因此，不能简单地否认CAPM模型（资本资产定价模型）和有效市场理论。与此同时，学界出现了行为金融学家，开始尝试引入心理学的认知偏差、有限理性、异质信念和从众行为等理论来诠释和解释这些金融异象。他们认为，账面市值比效应代表的不是风险因素，而是投资者对公司股价反应过度的一种表现（Lakonishok等，1994；Daniel等，1997）。基于上述的理论发展，研究者对股票价格的关注不再局限于系统风险的影响，非系统性风险尤其是单只股票的异质性波动风险逐渐走入研究者的视角（顾小龙，2020），其中重要的一个研究分支就是公司层面股票价格的暴跌风险。

公司股票暴跌风险是20世纪80年代学者发现的一类金融市场异象，学者们发现，股票市场指数或者单只股票的价格会突然没有任何征兆大跌。股价暴跌有三个特征：一是无公开信息，即暴跌发生时往往股票市场上没有任何对应的重大公开消息出现；二是非对称性，即股票价格下跌的幅度远远大于上涨幅度，呈现典型的负偏；三是传染性，即股市暴跌并不是简单的单只股票或者某个相关行业股票的大幅下跌，往往伴随着整个市场股票的相关大跌。典型的案例诸如，1929年10月美国股票市场没有征兆突然暴跌；1987年10月10日，美国股市的"黑色星期五"；2015年6月15日，中国股市毫无征兆的暴跌开启；2020年3月9日，美股出现历史上第二次熔断；等等。股价暴跌风险违背了有限市场理论和经典金融模型，而且对股票市场和投资者的危害极大，至此，学者们开始另辟蹊径来诠释和理解公司股价暴跌风险。目前，围绕股价暴跌风险的形成和实证检验，主要以行为金融理论和公司治理理论为核心，围绕股票市场参与者的非理性心理学基础、公司股价暴跌风险的理论基础和经验证据展开了一系列论述。

第二节　股票市场参与者非理性的心理学基础

截至目前，有关行为金融学的研究是相当丰富的，主要可以分为以下三类：首先是针对个体投资者行为的研究，采用试验法发现个体的理性是有限的。其次是对投资者群体行为的研究，相关理论包括群体效应和噪音交易者理论，学者们使用数学模型等方法研究发现，投资者群体不会随机进行交易。最后是针对股市有效性的研究上。纵观相关研究文献，行为金融学理论的重点聚焦在非理性因素的研究上，根据行为主体可以分为两个方面，首先是投资者和证券分析师的非理性，其次是公司经理人的非理性（饶育蕾和蒋波，2010）。

一、投资者情绪的成因

前景理论（Kehneman和Tversky，1979）以实际发生的行为，研究个体投资者情绪形成的机理，与期望效用理论相互补充。期望效用理论是研究交易行为的理性模型，前景理论是被广泛认可的替代理论。前景理论具有三个基本特征：（1）区分不同的前景性质，人们在困难面前会选择规避或寻求风险，但多数是前者。（2）人们通常根据自己目前的财富水平来分析前景的优势和劣势。（3）损失相比利润对人们的影响更大，所以人们会想方设法避免损失。除了前景理论可以解释证券市场股价的异常现象之外，以金融心理学为基础的投资者情绪等方面的理论同样可以佐证这种现象。投资者情绪与非理性情绪并不完全相同，它还包括理性的投资情绪成分。一方面是因为投资者会根据自身主观的认知、偏好等因素来对资产的未来价值进行评估；另一方面是因为投资者的评估决策也不是完全脱离当前经济形势的。

首先，经典金融理论基于理性人的假设，即市场参与者是具有相同预期的理性交易者，认为有噪音交易者的存在，但由于存在理性中介，他们的作用也不会显著影响市场。经典金融理论与行为金融理论的主要区别在于它建立在理性人的假设之上，主要包括有效市场理论和资产组合理论等。在经典金融理论中，所谓的理性交易者是基于贝叶斯推断，对可以用来做出决策的信息进行推理的交易者。面对市场普遍存在的金融异常现象，经典金融理论主要以有限套利理论进行解释，换句话说，市场的不完善阻碍了理性套利交易者的充分套利。不完善的市场包括交易成本、借贷成本、有限的卖空、对套利目标完美副本的缺乏以及基本面风险的存在。即使进入了21世纪，也不乏经典金融理论的支持者，例如，Stambaugh（2014）认为，随着人们认知水平的提高和机构投资者的增加，金融市场噪声交易者的比例正在下降，其影响力正在逐渐减弱，因此，从长远来看，真实市场将逐渐接近经典金融理论的解释。

其次，行为金融放宽了理性人的假设，认为人们的期望和偏好普遍存在系统性偏差。许多类型的认知偏差已经从大量实证和相关的心理学实验中总结出来，包括过度自信（overconfidence）、代表性偏差（representative）等表现形式，这些认知偏差是形成期望时与贝叶斯推理的心理学层面发生系统偏离的根本原因，大量的证据表明，人们在决策时会产生过度自信的现象，Fischhoff等（1977）实验发现，实验对象由于过度自信等认知错觉会高估自己的预测能力。此外，在不确定事件的预测上，Alpert和Raiffa（1982）发现，人们倾向于赋予可能发生的事件过高的权重。Weinstein（1980）、Buehler等（1994）研究发现，投资者在决策过程中也会表现出乐观与一厢情愿的行为状态，大多数人都看好自己的前景，但事实通常并非如此。除此以外，代表性偏差也是一类非常重要的认知偏差。Kahneman和Tversky（1974）的一项研究发现，投资者在进行预后时过分强调"典型类别"的重要性，而且惯用大样本中的小样本特征来判断整个大样本，这样常会做出有系统性错误的决策。

除了上述认知偏差之外，还有很多被发现和被总结出来的认知偏差，经济学家通常对此持谨慎态度。认知偏差的复杂性和多样性及其影响的程度都需要深入研究。首先，一些认知偏差可以通过多次重复和学习来修正；其次，认知偏差的普遍性值得怀疑，因为一些行业的专家在交易中由此造成失误的可能性就不大；最后，一些认知偏差可能因环境或时代而异，最后可能会消失，但认知偏差的存在是毋庸置疑的。实际上，即使各类认知偏差被人们所认知和了解，人们在实践中也会产生同样的系统性错误，富有专业知识的专家比非专家更易受到认知偏差的影响，例如过度自信，所以即使是专家也会犯系统性错误。

二、分析师乐观偏差的成因

作为股票市场的重要参与者与市场信息的有效供给者，证券分析师是传统认知中的完全理性人，理论上可有效避免受到市场情绪的冲击与传染。然而，近年来的研究成果却推翻了这一假设，证实了证券分析师事实上并不是完全理性人，而是与普通投资者一样存在认知偏差（Easterwood 和 Nutt，1999）抑或是心理偏差（Sedor，2002）的，这使得他们易被市场情绪影响（伍燕然等，2016）。投资者情绪作为市场情绪的重要组成部分，其对分析师认知决策过程与履行工作职能的潜在影响不容忽视。充斥于市场中的有偏的投资者情绪时时刻刻被有限理性的分析师所感知并接纳，分析师的盈利预测行为将潜移默化地受之影响，甚至导致分析师群体系统性乐观偏差。更为严重的是，投资者情绪的传染效应将进一步向分析师传递，加剧股市的过度波动和资产定价的偏离程度。

有关行为金融学的研究发现，分析师会受内外部因素的影响，对非信息因素尤为敏感，会有意发表带有个人偏见的预测报告或观点，主要表现为故意偏移和羊群行为。故意偏移是指分析师有意识地在预测报告的时间上出现偏离，体现为预测报告时间前后的差异。羊群行为表现为个体截面维度的偏差，分析师的群体决策或预测推荐活动由于信息或非信息等原因在一定程度上趋于相同。学者们进一步的研究表明，分析师预测具有显著的方向性偏差，即分析师盈余预测具有显著乐观偏差的特点（Fried 和 Givoly，1982）。同样，吴东辉和薛祖云（2005）发现，分析师在预测股价过程中，其预测价值通常高于实际价值，表现出一定的乐观倾向，随后李文贵（2007）亦证实金融分析师预测行为确实具有明显的乐观倾向。分析师本应该遵循职业操守发布客观、准确的分析报告，但由于分析师声誉、地位、报酬等利益的诱惑，其无法坚持自己独立的判断，会为刺激投资者的投资欲望发布乐观的预测信息。现有的相关文献对分析师羊群行为和乐观偏差的成因展开了一系列研究。

首先，个体特征会影响分析师自身的乐观偏差。Scharfstein 和 Stein（1990）研究发现，分析师对行业声誉的过度关注是导致乐观偏差和羊群现象的主要原因。分析师预测或推荐的准确性是决定声誉水平的关键因素，因此分析预测的准确性越高，误差越小，行业声誉就越好，与之相反，分析师行业水平越低，专业性能力越差，其预测偏离度就会越高，享有的行业声誉可能就比较低。在此基础上，Tureman（1994）进一步研究发现，预测能力较差的分析师为了提高其行业声誉，会更容易表现出乐观偏差倾向。

其次，分析师与买方及其他机构投资者之间的利益关系会影响羊群行为。分析师主要为市场上的机构投资者服务，机构投资者提供的佣金或仓位收入对分析师的奖励和收益有显著影响。此外，在最佳分析师的评选活动中，机构投资者持有很大一部分的投票权，其利益关系显著影响分析师预测行为。Michael 和 Womack（1999）、O'Brien 和 Mcnichol（2005）、Jackson（2005）、Eastwood 和 Nutt（1999）以及 Mola 和 Guidolin（2009）发现，根据客户提供的佣金水平以及机构投资者口碑等外部动机，分析师更有可能发布乐观预测，此外，分析师他们会选择有意隐瞒相关的负面信息，从而导致投资者高估股票的价值，因此波动性会增加。许年行等（2012）研究发现，分析师的乐观偏差能够显著提高股价暴跌风险，换句话说就是分析师的乐观评级越多，未来股价波动幅度就越大。Hayes（1998）、Dugar 和 Nathan（1995）、Lin 和 mcnichols（1998）以及 Cowen（2006）等同样也发现，机构投资者与分析师建立相关利益关系之后，为了吸引外界股东投资，分析师通常会发布乐观预测。

三、管理者过度自信的成因

心理学研究发现，大多数人面对未来的不确定事件时存在过度自信的认知或行为偏差。过度自信包含两个关键方面：过分乐观（over-optimism）和校准偏差（miscalibration）(Skala, 2008; Libby 和 Rennekamp, 2012; Hribar 和 Yang, 2015）。过分乐观表示个人不切实际地高估不确定性结果，高估自身能力（Larwood 和 Whittaker, 1977; Weinstein, 1980），这就是所谓的"高于平均值"效应（better-than-average effect），从而导致投资者过度参与非理性商业竞争（Camerer 和 Lovallo, 1999）。过分乐观的结果主要表现为高估期望值（均值），因而过度自信的个人对某不确定性事件的期望值预期的结果会比无偏预期乐观得多。

校准偏差是过度自信的第二个方面，认为自己对不确定事件的控制能力高于实际水平（Larwood 和 Whittaker，1977），它和较窄的估值置信区间以及较差的估计事件概率校准能力相关（Barberis 和 Thaler，2003）。人们相信肯定会发生的事情实际上只有80%发生，判断事件不会发生而实际发生的可能性约为20%（Fischhof 等，1977）。校准偏差的结果主要表现为低估风险，即低估失败可能性和不利因素的影响。

在行为公司金融文献中，过分乐观通常表现为企业管理者对公司现金流的期望值过高估计；校准偏差通常表现为管理者对公司对未来现金流的波动性低估（Shefrin，2001；Heatn，2002；Haokbarh，2008），或者相对于公共信息，他们给予私人信息过高的权重（Gervais 和 Gldstcin，2007）。过分乐观与校准偏差实际上具有很多共同的特征（Baros 和 Stvein，2009），理论上能够分别测度，而实证研究文献中则很少区分二者，只有极少数文献如 Ben David 等（2007）因为采用对管理者问卷调查的方法才能够从校准偏差的角度测度管理者的过度自信。因此，本书与大多数文献做法一致，对源于过分乐观的过度自信和源于校准偏差的过度自信不加区分，即以管理者过度自信来描述公司管理者过分乐观和源于校准偏差的过度自信共同导致认知和行为偏差。

有关行为金融学的大量研究发现，与非管理者相比，管理者表现出更为严重的过度自信现象，此外，过度自信现象在高技能人才中更为明显（Camerer 和 Lovallo，1999）。Ben David 等（2007）、Hackbarth（2008）、Heaton（2002）、Iandier 和 Thesr（2009）、Malmendier 和 Tate（2005a，2005b，2008）等的研究同样表明，公司 CEO 及其他高级管理者，相比于普通人群更可能有过度自信心理特征，这是包括自我归因、知识幻觉、控制幻觉和切身利益关联等内在因素在管理者身上更为显著（张芳芳等，2017）。

第三节　公司股价暴跌风险研究的理论基础

最早关于股价暴跌风险发生机制的探讨，主要是从资本市场层面探寻股价暴跌的原因，即研究在没有任何先兆的情况下，市场大盘突然暴跌的现象，指导性的思想包括理性均衡理论和行为金融理论。进入 21 世纪之后，Chen 等（2001）较早地将股价暴跌风险的研究对象从资本市场转移到以上市公司为代表的个股中，指导性的思想是委托代理理论。现有的文献，目前也大多认可由 Jin

和Myers（2006）在委托代理框架下提出的"信息窖藏假说"。

一、传统金融理论对股票市场暴跌风险的解释

20世纪70年代，学者们从理性均衡框架出发，来考察在没有任何先兆的情况下，股票市场大盘突然暴跌的现象。基于理性均衡理论，学者们对此提出了不同的解释，先后尝试从完全信息假设到非完全信息假设，来解释资本市场股价暴跌现象。

在"财务杠杆效应假说"下，Black（1976）认为股票价值的下降会增加财务杠杆，增加股票的波动性，使股票风险更大。然而，也有相反的观点，认为财务杠杆理论虽然具有一定的合理性，但是对于高频数据来说，在较短的时间内股价下跌不能显著影响股价的波动，造成股票收益分布不对称，从而导致解释力不强（Bekaert和Wu，2000）。

针对上述疑问，学者们进一步提出了"波动率反馈假说"（Volatility Feedback Theory），其核心观点为，股票价格的下跌是由股价波动率引起的（Prench等，1987），解释了股价波动的不对称性。股票价格随着新信息的出现而波动，投资者要求相应的风险溢价回报，当这个信息是好消息时，对股价的影响有两个：一是好消息效应；二是风险溢价递减，最终效果是好消息效应—风险溢价。类似，当消息是坏消息时，坏消息有坏消息效应和风险溢价两方面影响，总体效应是坏消息效应—风险溢价，这个坏消息的影响往往会对市场回报产生负面作用（陈国进等，2008），扩大坏消息的不利影响，进而导致股价暴跌（Campbell和Hentschel，1992），但是，外部新信息对金融市场波动率的冲击是很短暂的，进而很难显著影响风险溢价和股票价格（Poterba和Summers，1986）。

上述理论虽然解释了股价暴跌的发生机制，但都没有离开理性均衡的分析框架，金融市场上的非理性因素，如投资者的认知偏差、情绪等对金融市场的股价行为产生越来越大的影响，这促使学者们开始从行为金融学这一新的视角来研究上市公司的股价暴跌风险，而且在现如今的研究中占据了越来越重要的地位。

二、行为金融理论对公司股价暴跌风险的解释

与理性均衡理论相比，行为金融学认为股价暴跌的风险与投资者的非理性有关，并创新性地解释了市场层面的股价暴跌风险，主要从投资者的非理性因素和信息不完全两个方面进行解释，可以分为"随机泡沫假说""不完全信息假说"和"异质信念假说"。

"随机泡沫假说"（Stochastic Bubble Theory）是由布兰卡德和沃森（1982）提出，他们认为股价暴跌是由于泡沫的随机破裂造成的，外来事件和群众心理是股价的重要影响因素，小概率事件也可以导致股价暴跌，该理论很好地解释了股票市场中收益较大的运动是暴跌而不是暴涨，但却无法解释小概率事件可以导致股价暴跌的机理。

"不完全信息假说"从信息不对称角度展开论述，Gennotte 和 Leland（1990）从交易者类型角度解释了股价暴跌，在未预期的事件影响股价预期的情况下，知情交易者不愿意持有股票，增加了非预期的供给，这降低了当前的股价，而非知情交易者则会根据有关信息改变对股票价格的预期，这降低了股票价格的预期，导致非知情交易者不愿意持有股票，进一步增加股票供给，又加剧股票价格的下跌，导致股价暴跌。Caplin 和 Leahy（1994）研究认为投资者拥有私有信息，但他们并不是直接将这种私有信息传递给市场，而是基于行为偏好、收益权衡等因素根据拥有的私有信息从事某种行为，这种行为会被市场中的其他投资者所获知，其他投资者也会对自己的行为做出相应的调整，如果这种投资者的数量够多并且都是根据这种私有信息进行决策的，那么很小概率事件的发生就会影响私有信息的形成和传递，可能会导致股价的暴跌。

"异质信念假说"（Heterogeneous Beliefs Hypothesis）可以从如下两个角度来展开研究：投资者情绪角度和投资者异质信念角度（陈国进等，2008）。早期，研究者主要从投资者情绪角度，诠释了股票市场大盘暴跌的现象。例如，席勒（1989）基于美国股市投资者情绪的调查数据，发现股价暴跌风险起因于投资者情绪的突然变化，股价暴跌之前投资者情绪过度乐观。郭冬和段正（2010）的研究涉及了投资者情绪与股价暴涨暴跌的关系，用证券市场信心指数和新开户数来衡量投资者情绪，发现投资者情绪显著影响股市指数。随着研究视野由股票大盘转向了单只股票的异质性波动风险，投资者异质信念逐渐成为研究主流。近年来许多学者从投资者异质信念这一视角来研究上市公司股价暴跌风险，并取得丰硕的成果，例如 Hong 和 Stein（2003）提出的异质信念假说。该理论建立在两个基本假设之上，一是投资者对股票价值有着不同的认识，也就是说投资者对股票价值的信念是异质的，二是投资者面临卖空限制。Chen 等（2001）使用美国上市公司的数据证实了上述推断，使用去趋势换手率作为投资者异质信念的衡量，发现去趋势换手率越高，股价暴跌的可能性就越大。与前述要求卖空限制假设不同，Cao 和 Ou Yang（2007）认为不依赖卖空限制也能对股价暴跌现象进行合理解释，他们已经证明，异质信念可以通过数量模型导致股市大幅下跌。他们以回购期权（Buy Back Option）为研究基础，如果人们预期在未来可以用更低的价格回购股票，他们就会以低于自己估值的价格卖出股票，从而导致当前的股票价格将继续下跌，股价暴跌风险上升。Marin 和 Oliver（2008）运用线性概率模型和固定效应条件下 Logit 模型，以美国市场的数据发现了交易量与个股暴跌概率成正比。王景（2008）、陈国进和张贻军（2009）、洪和斯坦（2003）等同样也发现投资者异质信念显著提高了个股的负收益偏态系数，与 Chen 等人（2001）的研究结论一致。此外，Merton（1987）研究发现，投资者会产生一定的交易成本，这成为投资者的认知成本，这种认知成本的存在，使投资者会根据成本与收益的原则选择自己的投资组合，这种考虑到认知成本的投资组合与在完全信息条件下的投资组合存在一定的差异。这种投资组合对市场来说，可能不是最有效的，但对投资者来说，却是最佳的投资组合，如果这种认知成本越高，那么投资者的投资组合与完全信息的投资组合的重合度就越小，市场对新信息的反应速度也就越慢，如果出现坏消息，投资者也会由于较大认知成本的影响而很难及时作出决策，从而出现认知风险。这种认知风险也是客观存在的（Bodnaruk 和 Ostberg，2009）。申宇和赵静梅（2010）发现中国股市中存在认知风险溢价，Chen 等人（2004）发现进入标准普尔 500 指数的公司股价持续上涨，导致异常回报率高，这是因为投资者认知风险的降低。陶洪亮和申宇（2011）发现，投资者认知风险显著加剧了股价暴跌风险。

三、公司金融理论对公司股价暴跌风险的解释

从委托代理角度，公司股价暴跌也逐渐形成了一套比较成熟的理论逻辑，Jin 和 Myers（2006）基于委托代理理论解释了股价暴跌现象，为公司层面的股价暴跌奠定了理论基础。

委托代理理论认为两权分离是引起代理冲突的主要因素，管理者在就职期间，为了维护个人利益（例如薪水、职业前景、帝国建设等）会选择隐藏公司的坏消息，粉饰财务业绩（Jensen 和 Meckling，1976）。Kothari 等（2009）研究发现，管理者出于对自身职业的关注，会隐瞒公司运营的坏消息、夸大经营业务，此外，建立商业帝国、搞个人崇拜等非财务动机也是管理者窖藏公司负面消息的原因之一（Ball，2009）。基于以上原因，公司积攒的负面消息超过承受

的临界点时，股价就会被市场严重高估，产生股价泡沫，坏消息就会在短时间内都出现在市场上，从而导致股价大幅度下滑，公司股价暴跌，这就是著名的"信息窖藏假说"（Jin 和 Myers，2006）。

在委托代理框架下，一方面，许多学者基于代理行为视角，发现信息传递不及时、不透明等原因纵容了公司管理层隐瞒有关公司运营的坏消息，产生代理问题。Graham（2005）、Ball（2009）、Kothari 等（2009）委托代理理论研究者发现，当企业内部遭遇坏消息，管理者为了维护个人利益，倾向于隐瞒该不利消息。企业内部坏消息达到公司承受的临界点，释放到市场后，其产生的危害远大于消息最初公布时的影响，该负向冲击导致股价严重跳水，甚至暴跌（Jin 和 Myers，2006；Hutton 等，2009；Kim 等，2011a）。

另一方面，有的学者基于信息不对称的视角，发现处于信息弱势地位的投资者无法及时准确地了解到公司的真实信息，他们了解到的大部分都是好消息，进而高估股票价值。当利空消息大量释放到市场时，投资者之前掌握的好消息与现实的利空消息形成巨大的偏差，股票价格发生巨幅跳水甚至是暴跌。Bleck 和 Liu（2007）基于信息不对称理论，发现公司管理者会隐瞒相关坏消息，比如投资净现值为负的项目，从而保证项目顺利开展。由于信息不对称，投资者对负面消息无从知晓，当负面消息发布时，投资项目的亏损就会暴露出来，就会造成股价大幅下跌，同时，潘越等（2011）发现信息透明度与股价暴跌风险显著性呈负相关。

此外，还有一部分学者认为，股价暴跌与企业内部人的抛售相关，而非企业内部坏消息的积累。公司内部人士卖出股票后，外部投资者会猜测公司有坏消息存在，但当坏消息的具体细节无法确定时，公司内部信息的不确定性显著增加，投资者为规避风险追求更高的收益率，从而造成股价暴跌（Marin 和 Oliver，2008）。有些学者并不完全赞同这种观点，他们认为内部人的抛售会产生第一类和第二类代理冲突，增加企业代理成本。当内部人士减持一定数量时，外部投资者降低股价以获取更高回报成为一种合理的"自我保险"的做法，此时股价暴跌。（吴战篪和李晓龙，2015）。

综上所述，我们发现基于委托代理理论，无论从信息不对称、信息不透明还是从代理行为等角度来分析，发现企业无法承受负面消息的累积而瞬时释放后，市场在短时间内无法吸收这些不利消息，股价暴跌风险上升，而且由于信息偏差的存在，内部人抛售导致代理冲突，投资者通过压低股价来保护自身权益，进一步加剧股价暴跌风险。

第四节　公司股价暴跌风险的实证检验

关于公司股价暴跌风险影响因素的研究，大多以公司层面股价暴跌为研究对象，以实证检验为主、理论研究为辅，基于 Jin 和 Myers（2006）的信息窖藏假说，认为公司股价暴跌的根源是管理层隐藏坏消息的自利动机。那么管理层隐瞒坏消息是由哪些原因导致的，进而加剧公司的股价暴跌风险？本书以由内到外为原则，从企业的内因和外因这两条路径来总结梳理股价崩盘风险的影响因素。

公司内具有不同特征的管理者在面对一样的环境时，往往会选择不一样的行为，因此，管理层特质是管理层隐瞒坏消息的主要决定因素，也就是说，它是暴跌风险的主要提醒器。一些学者把"CEO 过度自信"作为管理者的一个特质，发现过度自信的经理人更容易遭遇股价的暴跌（Kim 等，2014；黄新建等，2015；江轩宇和许年行，2015）。李小荣和刘行（2012）以管理者性别特征为基础，发现女性 CEO 可以显著抑制股价暴跌风险。除了以上两个关于管理层特质的因素外，国内学者也从其他角度进行多层次研究，例如从管理层权力（谢盛纹和廖佳，2017）、是否有财务背景（董红晔，2016）、是否购买高管责任保险（胡国柳和宛晴，2015）等方面进行了研究。

公司的管理激励是管理层"窖藏坏消息"的重要动机，学者们研究了股权激励、管理者福利、CEO 内债等激励手段。为了得到最大化的薪酬，管理层选择非对称地披露新闻，滋生盈余管理行为。Kim 等（2011a）研究发现 CFO 期权组合价值与股价的比率和崩盘风险呈显著正相关。CFO 的职能是监督财务报告过程，在需要复杂的金融专门知识的人来操纵信息流入市场的决策过程中，正是因为他们的特殊身份，所以薪酬激励作用可能很大（Jiang 等，2010；Chava 和 Purnanandam，2010）。He（2015）又研究了 CEO 内债这一薪酬形式，内部债务是指类似于债务合同的退休金和递延赔偿形式的债务，意味着公司有固定的义务在未来的时间去支付给 CEO，研究结果表明内债驱使经理去做一个更高质量的财务报告，从而降低股价暴跌风险。

为了隐藏坏消息，管理层不得不建立应对机制，例如盈余管理、自愿披露，所有这些都被认为是管理者为此设置的机制。一些学者发现应计盈余管理程度越高，会计信息质量越低，越容易引致个股股价暴跌（Hutton 等，2009；施先旺等，2014；杨棉之等，2016），此外，真实盈余管理对股价暴跌风险的作用更大（杨超等，2014；秦子生，2016）。避税问题也是学者认为管理者隐藏坏消息的渠道之一。积极的税收政策和计划给管理者提供了隐藏坏消息的机会，从而增加暴跌风险（Kim，2011b；江轩宇，2013；陈艳艳和张亚娜，2015；孙刚等，2013；刘春和孙亮，2015；Habib 和 Hasan，2016），此外，管理者还可以使用自愿披露机会隐藏长期的坏消息，但是，像这样的披露能够减少信息不对称，并减少坏消息囤积的机会。企业社会责任披露（CSR）就是这样自愿披露的方式，CSR能够降低股价暴跌风险（Gelb 等，2001；Kim 等，2012；陶春华等，2015），但这一结论在中国市场存在悖论。有学者发现，企业社会责任更多地表现为"工具特征"而非"价值创造特征"，它会显著影响股价暴跌风险（权小锋等，2015；权小锋和肖红军，2016）。

　　学者们发现会计信息质量（会计信息透明度、会计信息稳健性、会计信息可比性）和公司治理（内部控制和公司治理属性）可以限制公司内部管理层隐藏负面消息。在会计信息质量方面，有学者发现管理层隐瞒了公司的负面信息，使公司信息不透明，降低了会计信息质量，增加了股价暴跌风险（陶洪亮等，2011；邹萍，2013；施先旺等，2014，周晓苏等，2016；彭旋和王雄元，2016；周冬华和赖升东，2016）。还有学者研究会计稳健性，发现如果公司采用更多的会计稳健性政策将会降低暴跌风险（王冲等，2013；Kim 和 Zhang，2015；李世刚，2015；王雷，2015；杨棉之等，2016），还有学者研究可比性，发现其同样也能减弱暴跌风险（江轩宇，2015；Kim 等，2016）。从内部治理机制上来看，如果公司没有有效的内部控制，特别是内部控制凌驾于财务报告之上，将传播可靠性较低的财务信息（Doyle 等，2007a，2007b；Ashbaugh Skaife 等，2009；Feng 等，2009），一些学者发现内部控制与股价暴跌风险呈负相关（叶康涛等，2015；王超恩和张瑞君，2015；Chen 等，2016），此外，一些学者还研究了不同主体持股对股价暴跌风险的影响。王化成等（2015）发现，较高水平的大股东持股比例更能有效发挥监督作用，降低股价预期暴跌风险，并不支持"掏空假说"。吴德军（2015）以持股对象为研究基础，发现外资持股可以缓解股价暴跌风险。谢德仁等（2016）发现控股股东质押股权能够显著缓解上市公司股价暴跌风险。

　　在公司外部，学者们研究了公司外部治理机制对股价暴跌风险的影响，从机构投资者、金融分析师、大型事务所和行业专家审计师的角度，实证检验了公司外部治理机制在防范个股崩盘风险方面的治理有效性。首先，部分文献认为机构所有者的监控限制了管理者机会性管理异常应计的能力，从而改变了盈余的质量，而高盈余质量将降低暴跌风险（Callen 和 Fang，2013；An 和 Zhang，2013；代昀昊等，2015），但国内，部分学者却认为机构投资者的持股会增加暴跌风险发生的概率，尤其在控制了投资者的异质性和内生性之后，机构投资者为了维护自身利益会显著加剧信息的不对称程度。从羊群行为角度，有学者认为，我国机构投资者更像是一个"暴跌加速器"，而不是"市场稳定器"（许年行等，2013；曹丰等，2015；杨棉之等，2016；逯东等，2016）。其次，金融分析师在参与市场的过程中，全方位介入了信息在市场上流转的过程，包括信息的生产、传递和吸收等过程，这能够增加信息透明度，降低暴跌风险（潘越等，2011；Xu 等，2013；朱敏和周磊，2013；杨棉之等，2016）。最后，大型审计公司和行业专家审计师在提高财务报告质量和抑制管理激励机制目的管理收入方面发挥重要作用（Becker 等，1998；Krishnan，2003；Balsam 等，2003）。审计师任期（Callen 和 Fang，2016）、审计行业专长（江轩宇和伊志宏，2013；熊家财，2015）、审计师声誉（吴克平等，2016）、审计收费（万东灿，2015）和审计监督（田昆儒和孙瑜，2015；马克哪呐等，2016；潘秀丽和王娟，2016）等外部机制都可以有效增减未来的暴跌风险。

除了正式的治理机制外，股价暴跌的风险还受到非正式治理机制的影响。学者们从政治关系、宗教信仰、监管者的监管能力、媒体监督和社会公信力水平等方面研究了非正式治理机制对暴跌风险的影响。首先，政治关联作为外部重要的治理机制对公司的管理有着重大的影响，但是，政治关联对于股东利益乃至暴跌风险到底是有益的还是有害的仍是有争议的。有学者认为政治关联能降低暴跌风险（Li 和 Chan，2016），还有学者研究发现我国国有上市公司有政治关联的董事加剧了暴跌风险，与之相反，非国有上市公司有中央政府关联的董事却能够降低暴跌风险（Lee 和 Wang，2016）。其次，有宗教信仰的管理层更有可能存在内化与反操纵相关的社会规范的潜意识控制，那么操纵企业信息流动的可能性将会降低，如果他们操纵企业信息流，一旦被揭发，管理层的自身社会形象在公众面前将难以保存。因此，宗教作为一个社会约束规范能够很好地去限制坏消息囤积，暴跌风险将会降低（Callen 等，2016，Li 和 Cai，2016）。再次，监管效果的不同也将会影响暴跌风险的大小。Kubick 和 Lockhart（2016）发现公司离证交会总部的距离与暴跌风险呈正相关。林乐和郑登津（2016）研究了我国退市监管的治理作用，认为退市监管通过业绩提升而非信息披露操纵和盈余管理发挥作用，能降低上市公司股价暴跌风险。最后，新闻媒体所以作为外部监督机构（杨继东，2007），国内学者研究发现媒体对上市公司的频繁报道显著降低了公司股价未来暴跌的风险（罗进辉和杜兴强，2014；谢雅璐等，2014；黄新建和赵伟，2015；陈翔宇和万鹏，2016）。部分学者探究社会信用水平与股价暴跌风险之间的相关关系，发现公司所在地社会信用水平高可以显著降低股价暴跌风险（刘宝华等，2016）。

中国股票市场是典型的政策市场，股票价格的变动，与国家的相关政策、制度等宏观环境因素有着紧密的联系。一些学者进行了中国特色的本土化研究，从制度变迁（辛宇和李天钰，2014；谢雅璐，2015）、独董制度改革（梁权熙和曾海舰，2016）、内部人公开交易制度（吴战篪和李晓龙，2015）、国有产权性质（熊家财，2015）、中国特色融资融券制度（褚剑和方军雄，2016）、货币政策（代冰彬和岳衡，2015）、财政政策（王超恩，2016）等角度探讨了中国特色政策对股价暴跌风险的影响。

第五节　文献述评

目前，对股价暴跌风险研究已经取得了丰硕的成果，这些成果对未来的研究具有非常重要的参考意义。不可否认的是，已有的股价暴跌研究尚存在一些不足之处，股价暴跌风险这一领域仍然有许多值得补充完善和深入挖掘的角度。

第一，相关股价崩盘理论框架尚不完备，致使本书无法综合解释股价崩盘风险；缺乏一定的支持力度和验证效果。一方面，学者们提出了多种理论并从多种角度来研究股价暴跌风险的形成机制，但是几乎没有什么理论可以完全解释风险的成因。另一方面，关于股价暴跌的特征研究，学者们尚未形成统一意见，存在相互竞争的理论。未来应构建完整的理论框架，丰富、完善相关研究领域，此外，从研究的角度来看，现有文献主要研究影响股价暴跌风险的因素，而这些因素主要集中在信息不对称和代理问题的内因和中观层面的外因上，因此，对于影响股价暴跌风险的因素，尤其是外部因素，还有很多方面需要深入研究。现有一些与中观因素相关的研究（如证券分析师），但并不全面，更不用说涉及宏观因素的研究，中观和宏观因素有助于政策制定者更好地建立和完善法律体系，因此需要重视该领域的研究。

第二，缺乏严谨的理论来支撑崩盘风险影响因素的研究，未深入分析内在的作用机理和影响机制。各因素的研究只能追溯到动机，未涉及动机背后深层理论原因，脱离现有的理论研究。

第三，鲜有文献从公司层面探讨投资者情绪对股价暴跌风险的影响。现有文献集中以投资者异质信念为基础，来研究市场大盘股价暴跌的风险机理，对行为金融的另外一个重要方面——投资者情绪的研究鲜有文献涉及，在有限的文献中，如席勒（1989）、郭冬和段居正（2010）、刘桂荣等（2017），仍然从市场角度提供投资者情绪影响市场大盘股价暴跌的经验证据。李世刚（2015）、李昊洋（2017）、秦利宾和武金存等（2017）开始将投资者情绪与公司层面股价暴跌结合，研究投资者情绪对个股股价暴跌风险的影响。这些文献依然遵循管理者的理性假设，对投资者情绪的微观传导机制、国有和非国有的产权背景对公司股价暴跌造成不同的影响，均没有给出明确的答案。

第四，在已有的关于公司股价暴跌风险影响因素的文献中，从企业管理者特质以及心理行为角度展开的研究还不够多，没有文献研究管理者的理性程度和影响因素，更没有文献考虑管理者有限理性和投资者有限理性并存对公司股价暴跌风险的影响。按照 Jin 和 Myers（2006）的理论，管理者是提升股价暴跌风险的重要原因。现有研究主要考察了管理者有限理性假设的过度自信特征，以及管理者性别、年龄等人口统计学特征对股价暴跌风险的影响，并且，上述研究都忽视了投资者非理性的事实。在现实资本市场上，投资者与管理者的有限理性是共存的，投资者情绪与管理者过度自信之间是否存在联系和互动，管理者过度自信是否能对股价暴跌风险产生影响，如何影响，目前均没有明确的答案。

第五，现有研究大多基于委托代理理论关注了股价暴跌风险的各类影响因素，或者在委托代理理论中引入行为公司的金融观点和方法，单独讨论股票市场某类参与主体（管理者、投资者、证券分析师等）的非理性行为，但罕有文献综合考虑股票市场多主体非理性情绪之间的传染机制和联动效应。

第六，关于股价暴跌的经济后果和溢出效应的文献研究相对较少，但是这对完善资本配置和市场效率的研究链条非常重要。目前，绝大多数的个股股价暴跌风险的研究文献，都在集中探讨导致公司股价暴跌的某些影响因素。实证研究中也鲜有涉及，仅有个别学者从资本结构动态调整（邹萍，2013）、投资者保护（王化成等，2014）、投资者行为偏好（刘圣尧等，2015）、公司资本成本（杨棉之等，2015）、信息透明度（姚文韵和沈永建，2017）等角度探讨个股股价暴跌风险的经济后果。在经济后果研究领域，还有很多值得深究的关键问题，例如：股价暴跌风险如何反馈投资者情绪（正反馈、负反馈）？如果一家公司的股价暴跌风险增加,同行业(同一市场)其他上市公司的暴跌风险是否会增加?目前都没有明确的答案。因此,未来的研究应从宏观、中观、微观角度,投资者、公司财务政策、监管者等方面剖析股价暴跌的经济后果。

基于此,本书将从行为公司金融学的视角出发,结合中国特殊的制度背景和资本市场的现实,试图从行为和结果两个方面来全面系统地解释投资者情绪对股价暴跌的影响机制和路径选择。本书从"外部投资者(证券分析师)—内部管理者—公司股价暴跌风险"的行为路径出发,通过渐进式放松"理性人假设",首先,在管理者理性的基本假设框架下,考察投资者情绪对上市公司股价暴跌风险的影响机制和影响路径;其次,本文在非理性基本假设的框架下,分析投资者与管理者非理性共存时对股价暴跌的影响;再次,基于证券分析师乐观偏差的现实,论证分析师乐观偏差对公司股价暴跌风险的影响机制和传递效应;最后,基于具有中国情境的四种典型"非理性行为"影响场景,即机构投资者持股、国有产权性质、新冠肺炎疫情和管理者社会关系网络位置,逐步深入挖掘在中国转轨制度环境下,个体投资者与机构投资者的情绪,国有管理者与非国有管理者的过度自信以及社会公众的极端负面情绪压力,对中国股票市场上市公司股价暴跌风险的差异化影响机制和迥异的路径选择。本书期望能为市场参与各方理解公司股价暴跌风险提供更为宽广、更为深入的现实基础,并为金融监管政策与市场稳定性操作提供理论基础和政策分析工具。

第六节 本章小结

本章节主要是对相关文献进行梳理与归纳。第一,从心理学角度来梳理股票市场参与者的非理性成因,主要包括投资者情绪的成因、分析师乐观偏差的成因和管理者过度自信的成因;第二,对股价暴跌风险的理论基础进行全面的总结,主要从传统金融理论、行为金融理论和公司金融理论这三个方面来解释股价暴跌风险;第三,从企业的内因和外因这两条路径来总结梳理股价崩盘风险的影响因素;第四,在梳理归纳的基础上对相关文献进行简要评价,说明现有研究的不足之处,提出本文的研究思路。

第三章

理论剖析与研究假设

从股价暴跌发生机制来看，市场主体非理性行为、信息透明度和代理问题是导致公司股价暴跌风险的重要原因。那么，股票市场参与主体的非理性行为是如何影响股价暴跌风险的呢？

第一节 投资者情绪影响公司股价暴跌风险的机理剖析

根据投资者情绪的结构理论，市场有两类参与者，一类是噪声交易者，另外一类是理性交易者（Le 等，1991）。噪声交易者主要由个人投资者组成，其特点是对风险的高度偏好和对情绪更敏感的资产定价。他们错误地认为自身拥有特殊信息（Delong 等，1990）会导致更乐观的投资决策和定价错觉，通过正向反馈效应，噪声交易者进一步提升股价预期，这种预期反映在市场上就是股票价格的上升，定价错觉越严重，股价偏离基本面价值的幅度也越大，也越有可能形成股价泡沫（朱宗骅和张宗新，2008；郑阿静，2010）。由于"噪声交易者价格压力效应"的存在（Delong 等，1990），噪声交易者对股票价格下降产生恐惧，这种恐惧程度越严重，噪声交易者就越有可能瞬间将股票出售，产生股价暴跌，所以，噪声交易者的情绪越乐观，股票价格偏离基本面价值的幅度越大，以后发生股价暴跌的概率越大。在理性交易者中，机构投资者一般被认为是理性交易者的代表，他们具有信息优势和技术优势，能"透视"管理者对坏消息的"窖藏"行为，使得公司的负面消息能够及时传递到资本市场，有利于维护资本市场的稳定。中国资本市场也存在机构投资者"羊群效应"，且比西方资本市场更加严重（Bikhchandan 和 Sharm，2001），从心理学角度来看，他们会忽略通过各种途径搜寻来的私有信息，而偏好"跟从"其他投资者的投资决策，这种对其他投资者的跟从行为产生的结果预期越乐观，情绪越高涨，被投资公司的负面信息就越不能及时传递到资本市场，信息透明度就越低，超过累积坏消息临界值的可能性就越高，也越可能提高股价发生暴跌的概率，这一论述也被许年行等（2013）的研究所支持。

从股价暴跌发生机制来看，代理问题、信息透明度问题和投资问题是导致股价暴跌风险的重要原因（李小荣和刘行，2012）。从代理问题来看，首先，投资者情绪会对股东与管理层的第一类代理问题产生影响，进而影响股价暴跌风险。具体来看，投资者情绪越高涨，股价对基本面价值的偏离程度越高，企业股权融资就变得较为轻松，管理者就有更多可控资金，这种可控资金的扩大，可能促使管理者进行更多的在职消费。其次，投资者情绪越高涨，那么基于市场价值指标的薪酬激励强度越低，这就降低了管理者的上进程度，促进了管理者闲暇消费的提高。再次，从大股东与中小股东的第二层代理问题来看，投资者情绪越高涨，上市公司往往越偏好增发（徐枫和胡鞍钢，2012），这可能引起两者之间的利益冲突，造成中小股东的利益被侵占（刘力等，2010），于是出现了第二层代理问题。这两类代理问题累积到一定程度，达到一定的临界点后可能会在非常短的时间内爆发，导致资本市场反应激烈，个股股价暴跌。

从信息透明度问题来看，高涨的投资者情绪，往往对应着较低的信息透明度。一方面，如2015年全民炒股现象，投资者往往对财务信息透明度问题关注不够，导致对财务信息透明度的需求存在一定程度的扭曲。另一方面，从对高度透明的财务信息的提供来看，尽管管理层有义务向监管机构和外部投资者披露信息，但因为他们具有一定的信息优势，在本质上是信息的分配者，所以他们可以在法律和制度范围内自主选择披露何种信息以及何时披露。当投资者情绪高涨时，公司遇到某些不利消息，管理层可能会选择隐藏或不披露，以迎合投资者的高涨情绪，这样，投资者情绪越高，管理层隐藏或不披露坏消息的收益就越大，公司隐藏的负面特质的信息越来越多，公司的透明度降低，当大量囤积的负面消息超过限度，就会迅速地流入市场，股价就会瞬间跳水，出现暴跌，所以，投资者情绪越高涨，越会造成财务信息透明度降低，股价暴跌风险就提高了。

从外部市场情绪的影响来看，投资者情绪高涨，一方面管理层为满足投资者情绪会增加投资（张戈和王美今，2007），这可能会造成资源浪费和过度投资；另一方面，企业的股权融资成本减少和约束程度降低，股权融资变得相对容易（黄宏斌和刘志远，2013），为公司原本无法融资的部分投资项目筹到了资金，也就为公司的过度投资提供了基础，融资约束对公司过度投资的抑制作用就被削弱（Shleifer，2003）。这些不容易被市场观察到的过度投资累积到一定程度，市场终会察觉、发现，股票市场此时可能会瞬间反应，公司股价也必然相应发生"跳跃"以"消化"这些信息，股价就会发生暴跌。

综上所述，从投资者情绪理论来看，噪声交易者情绪越乐观、机构投资者对其他投资者跟从行为结果越乐观，上市公司发生股价暴跌风险的概率就越大。从股价暴跌风险成因来看，高涨的投资者情绪更易导致代理问题、透明度问题和投资问题的出现，最终会提高股价暴跌风险，因此，本书提出有待检验的研究假设1（详见第五章）：投资者情绪对公司股价暴跌风险具有显著的正向影响。

第二节　管理者过度自信影响公司股价暴跌风险的机理剖析

大量的心理学研究成果表明，个体内在的情绪变化，往往奠定了其后来行为变化的基础，即"变化导致变化"（Zimbardo，2007）。基于此，投资者情绪的上升不仅感染了管理者的情绪，而且影响了管理者的各种决策行为（Nofsinger，2005；Shefrin，2007）。

社会心理学领域存在这样一个共识，即一个人所知道和相信的与一个人所做的事情之间存在一致性（Festinger，1999）。当一个人处于乐观和过度自信的状态时，他对目标的判断往往更积极，与所处情境更会积极相关，更能创造性地解决问题；相反，当一个人处于消极情绪状态时，对目标的判断更消极，消极情绪是一种提醒，提醒个体所处的情境存在问题，解决问题的方法应较为保守，这就是通常所说的情绪一致性效应或情绪泛化假说。Johnson 和 Tversky（1983）发现，悲惨的新闻报道会增加人们高估风险事件的频率，而愉快事件导致的快乐情绪状态会降低对风险事件判断的频率。人们更偏好做出与其情绪状态一致的判断（认知评估），积极的情绪会让人们更加乐观地看待风险和收益。Wright 和 Bower（1992）的实验研究结果也支持了情绪泛化假设。Forgas（1995）通过模型分析表明，个体在决策过程中对情绪的依赖程度取决于决策本身的风险和不确定性，决策的风险和不确定性越大，情绪的作用就越强。

基于此，本章试图从行为金融学的角度，尝试对股价暴跌与管理者隐瞒坏消息之间的关系进行另一种理论解释。许多公司内部决策具有风险性和不确定性，毫无疑问，管理层的过度自信将成为影响公司股价暴跌风险的重要因素（Nofsinger，2005）。正如前面提到的社会心理学理论所指出的，正面的投资者情绪会引致管理者过度自信，这种情绪会影响公司内部对各种管理决策的认知评价（包括预期收益和主观概率）和随后的决策行为，从而增加公司未来股价暴跌的风险。

首先，即使不存在代理问题，比如打造企业帝国、谋取私利等，过度自信的管理者也会因为认知和心理偏差，认为净现值为负的投资项目是好项目，并继续投资应终止的差项目（Heaton，2002；余明桂等，2013），然后当差项目被清算时，造成股价暴跌。在此期间，由于高估了不良项目的未来现金流，过度自信的管理者错误地选择了继续投资。因为他们高估了不良项目的未来回报，过度自信的管理者相较于会稀释他们未来回报索取权的股权筹资，更喜欢债务筹资。这种激进的债务行为大大增加了公司财务的困难程度或破产清算进而增加股价暴跌的可能性（余明桂等，2006）增大。大量的实证结果表明，管理者的过度自信会导致更多的并购活动发生，以及导致更高的收购价格，最终损害公司价值（Malmendier 和 Tate，2005）。管理者过度自信与资产负债率（尤其是短期债务比率）和债务期限结构显著呈正相关（余明桂等，2006），管理者过度自信意味着企业更高的总投资水平、内部扩张强度，从而会增加公司面临财务困难的概率（姜付秀等，2009）。

其次，社会心理学研究指出解释偏差是过度自信个体的特征之一，其负面信息通常是被无视的，因为相比较于正面信息，负面信息更有可能被认为是不可靠和毫无意义的（Taylor 和 Brown，1988）。

最后，Taylor 和 Gollwitzer（1995）还指出个人在决策后比在决策前更容易出现解释偏差的现象，也就是说，在执行他们选择的投资项目的过程中，过度自信的管理者更有可能忽略对项目管理的负面反馈。这种解释偏差现象，以及对项目结果的控制错觉，不利于过度自信的管理者迅速合理地改变他们对投资项目的预测，从而使他们坚持继续投资净现值为负的不良项目（Kim 等，2016）。过度自信管理者的信息披露行为会被解释偏差和乐观错觉所影响，因为过度自信的管理者往往会在心理上拒绝他们观察到的负面反馈，所以他们在与股东交流时会有意无意地忽略这些信息。同时，过度自信的管理者会自觉地以更正面的方式解释现有的负面消息来避免短视投资者的介入，并为股东"画饼"，让股东对现有投资项目充满信心，为此过度自信管理者可能还有窖藏坏消息的行为（Kim 等，2016），这增加了公司股价暴跌的风险。正如 Schrand 和 Zechman（2012）研究发现，大部分企业开始是由于过度自信管理者产生了乐观错觉而进行虚假陈述，这并不是故意的自利行为，但是，之后管理者为了维持此前的乐观披露加大虚假陈述行为的实施程度，这是一种有意识的行为。

根据上述理论分析，首先，过度自信的管理者偏好于采取更多低效投资行为，推迟低效投资项目的终止时间，并实施更激进的债务行为，这会增加公司经营风险和财务风险。其次，过度自信的管理者有意识或下意识地披露好消息和储存坏消息，是因为他们普遍拥有解释偏差和乐观幻想。本书认为管理者过度自信是推动公司股价由于坏消息的产生、积攒、集中释放而发生暴跌事件的一个重要因素。

因此，借鉴心理学理论与行为金融学实证检验结果，本书提出有待检验的研究假设2（详见第六章）：管理者过度自信对公司股价暴跌风险具有显著的正向影响。

第三节　分析师乐观偏差影响公司股价暴跌风险的机理剖析

作为股票市场外部治理机制的重要组成部分，证券分析师历来被视为能在缓解信息不对称方面起到重要作用的信息中介。理论上，外部投资者可以通过分析师的研究报告了解更多信息，企业信息透明度得以增加，有利于降低暴跌风险。在实践中，分析师一般都有系统性的乐观偏差，而无法客观公正地披露他们所独有的信息。事实上，证券分析师的盈利预测远大于公司的实际盈利，分析师偏爱积极信息，高估积极信息的好处，低估消极信息的危害，同时分析师也会因为存在利益牵制而不愿披露关联公司的负面消息（Francis 和 Philbric，1993；Easterwood 和 Nutt，1999；O'Brien 等，2005）。受乐观偏差的影响，分析师研究报告不能迅速向外部投资者披露公司诸多负面信息，同时，公司的股价会受分析师研究报告发布的影响，通常收益预测或价格评估与公司股票的市场表现呈正相关关系（Womack，1996；潘越等，2011）。股价被高估是因为分析师过于自信，不迅速披露公司的负面消息，所以也不能立刻反应在股价中，因此，企业的不良信息会因为分析师收益预测的频繁而被掩藏，更可能造成股价被高估。当积攒的不良消息最终在市场上出现时，股票泡沫破灭，导致股价大幅下跌。

因此，借鉴心理学理论与行为公司财务的实证检验结果，本书提出有待检验的研究假设3（详见第七章）：证券分析师乐观偏差对公司股价暴跌风险具有显著的正向影响。

第四节　市场参与者非理性对公司股价暴跌风险的影响机理剖析

一、市场参与者情绪传染的心理学理论基础

早期的心理学研究发现，人们会通过捕捉他人的情绪来感知周围人的情绪变化。著名的情绪感染理论认为人们的情绪与行为能够在群体中传染扩散，人们通过交流和传递信息来产生共鸣，从而一致化群体的感情和行为。Hatfield 等（1993）的研究发现，个体在交互过程中不自觉地模仿他人的面部动作、行为等，努力体会对方的情绪状态和情绪意义的表达，相应地改变自身情绪状态，最后双方的情绪逐渐相同，他们把这个过程定义为情绪感染，更广泛地被认为是一种情绪体验的过程（Hoffman，2002），接收者由于被他人的情绪所激发和影响，最后与他人的情绪逐渐相同。在社会心理学领域，这种因他人的看法或行为而改变自身的行为（Zimbardo，2007）被称为社会影响，社会影响指的是，通过某种方式改变人的行为、态度和信念（彭凯平，2007）。在多数决定中，个体都有自主选择权，作为社会的一员，每个人为融入身处的社会环境，都不可避免地要进行社会交往，这样每个人都会在一定程度上受到他人的意见或行为的影响。信息性影响和规范性影响是社会影响的两种形式，信息影响是指把他人视为指导其行为的信息来源的影响，而规范影响是指他们以从众来赢得他人的喜爱和接受的影响。社会影响的特点在于，被影响者表现为态度与信念的改变，这其中便包括情绪的改变（Festinger，1999；Zimbardo，2007）。

在股票市场上，投资者、分析师和公司管理者作为市场的独立行为主体，不可避免地要参与到股票市场的社会互动中来，而投资者情绪作为一种典型的社会影响，其变动会影响股价，分析师作为股票信息的传递者，公司管理者作为决策者，不可避免地都会对股价波动有所应对，从而被投资者的情绪所影响（花贵如，2010；余丽霞和王璐，2015；伍燕然等，2016）。

更进一步，为什么证券分析师和公司管理者会受到投资者情绪的社会影响呢？为了理解证券分析师和管理者按照投资者的行为、认知和情绪来修正自身的行为、认知与情绪的成因和作用过程，我们引入了美国著名的社会心理学家利昂·费斯汀格（Leon Festinger）的认知失调理论。

在认知失调理论中，认知是有关环境、自我或一个人行为的任何知识、观点和信念。根据本书的定义，投资者情绪、分析师乐观偏差和管理者过度自信是投资者、分析师和管理者对未来现金流和投资风险的主观信念，因此，这两个概念也属于认知失调理论的"认知"范畴。从管理者的角度来看，投资者情绪代表别人对自己的信念，管理者的过度自信则代表有关自己的知识。学习费斯汀格定义"认知元素"的方法，我们界定以下的"认知元素"：

（1）管理者（或分析师）对公司未来收益和风险的信念。管理者的过度自信会表现在系统地过高估计未来收益或成功的可能性和过低估计成本或失败的可能性的心理（Heaton，2002）。

（2）管理者"知道"投资者对公司预期收益和风险。乐观的投资者情绪和偏差体现为过高估计了公司的预期收益并过低估计了其风险，从而股价从其基本价值向上移动。

上面提到的这对"认知因素"涉及两类主体对同一家公司的预期收益和风险。当公司管理者做出公司财务决策时，他们不仅依靠自己的情绪，而且还从股票价格中获取信息（Morck 等，1990），并了解到投资者对公司的预期（Mclean 和 Zhao，2009），对此逐渐形成或调整自己的情绪，因此，通常而言，这对"认知因素"是相互关联的。费斯汀格认为两个认知因素之间要么协调，要么失调：

（1）协调。当投资者情绪与管理者情绪（或分析师情绪）相同时，上述一对"认知因素"就是协调的。

（2）失调。如果管理者（或分析师）和投资者对公司的预期收益和风险不一致，管理者（或分析师）发现了这些差异，那么肯定会出现认知失调现象。

如果上述一对"认知元素"处于协调关系之中，管理者过度自信（或分析师乐观偏差）实际上就获得投资者情绪的"社会支持"，管理者（或分析师）将更加坚信自己对企业未来盈利和风险水平的信念，即管理者过度自信（或分析师乐观偏差）得以"强化"。

当上述一对"认知因素"由于管理者（或分析师）的心理不适而失去协调时就会产生激励因素，即减少这些失调的压力（Festinger，1999）。根据失调理论，管理者（或分析师）可以通过改变自身或投资者的情绪来释放压力。认知失调理论认为改变环境（投资者情绪）是建立在个体（管理者或分析师）能足以把握自身环境（投资者情绪）的基础之上的。对管理者（或分析师）来说，投资者情绪相对难以控制，因为投资者整体不正确地反映股价（Shefrin，

2007），所以，管理者（或分析师）更多"分享"的是投资者对公司的预期（Mclean 和 Zhao，2009），并逐渐塑造或调整对预期的回报和对风险的信念。在管理者（或分析师）与投资者的交互过程中，个人情绪对社会情绪更为敏感（Nofsinger，2005），导致投资者的情绪转移给管理者（或分析师），即建立了两者之间的情绪涟漪效应，管理者（或分析师）被投资者制造了情感涟漪（如图3-4-1）。

因此，借鉴情绪传染理论和认知失调理论，本书提出有待检验的研究假设4：

假设4A：投资者情绪对公司管理者过度自信具有显著的正向影响（详见第6章）。

假设4B：投资者情绪对证券分析师乐观偏差具有显著的正向影响（详见第7章）。

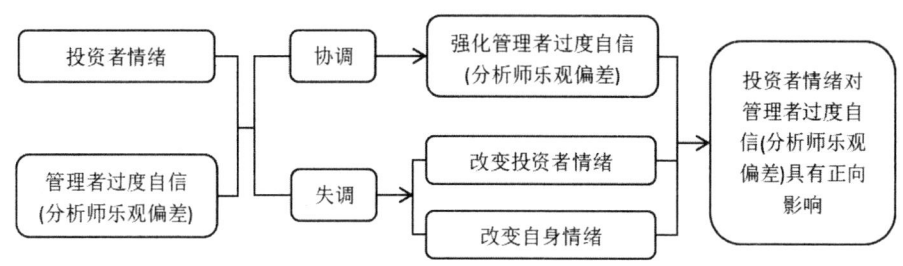

图3-4-1　投资者情绪传染管理者（分析师）路径

二、非理性假设下公司股价暴跌风险形成机理的基本分析框架

结合现有文献以及上述研究假设1、假设2、假设3和假设4，本书构造了股票市场参与者非理性影响股价暴跌风险的基本分析框架（如图3-4-2所示）。从图中我们可以清晰地看出，投资者情绪影响股价暴跌风险存在两条路径和三个渠道。一条路径投资者情绪通过影响分析师盈利预测，使分析师产生乐观偏差，进而加剧公司股票未来的暴跌风险。另一条路径则是，投资者情绪直接作用于管理者，导致了管理者两个不同的反应渠道。其一，即是管理者"理性迎合渠道"，基于投资者情绪公司管理者理性的潜在假设，理性管理者处于自利动机而窖藏坏消息，从而让投资者情绪直接加剧公司股价未来的暴跌风险；其二，即是管理者"过度自信的中介渠道"，在投资者和管理者都非理性的前提下，投

资者情绪会感染管理者的过度自信，非直接地改变公司未来股价暴跌的风险水平。

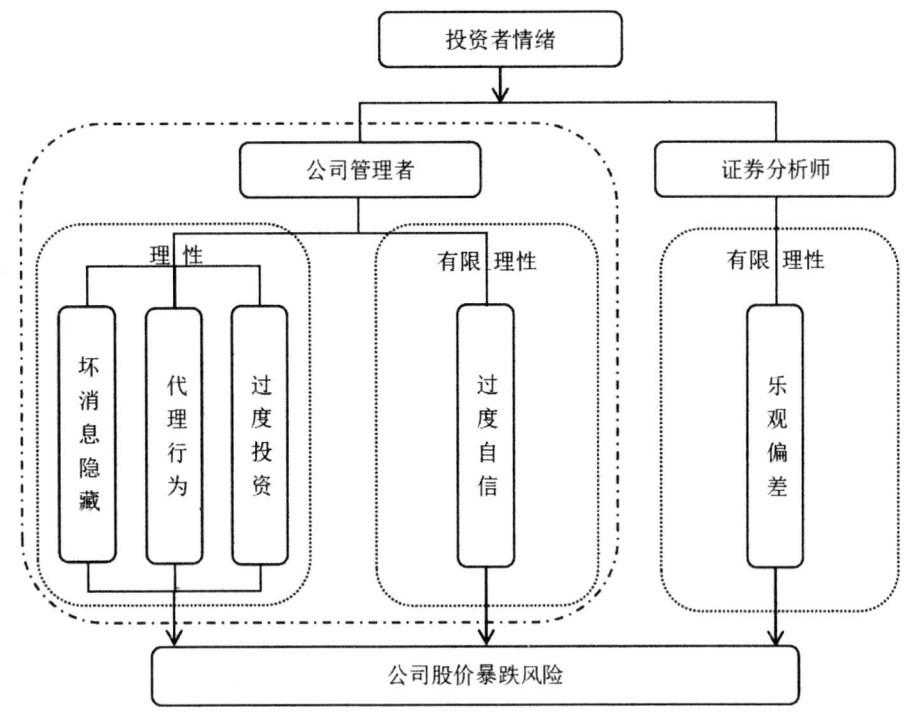

图 3-4-2　投资者情绪影响股价暴跌风险的作用机理

在中国资本市场的特殊背景下，许年行等（2012）、李世刚（2015）、褚剑等（2019）的文献已经分别研究发现了投资者情绪、证券分析师和管理者过度自信均对股价暴跌风险有着显著的影响。根据 Baron 和 Kenny（1986）以及温忠麟等（2004）对中介效应（Mediating effect）的定义，本书认为，当股票市场参与者不可避免地存在非理性行为时，市场的非理性表现，即投资者情绪影响股价暴跌风险的过程，存在着两条中介渠道，一条是管理者过度自信行为，部分地充当着中介渠道，即管理者过度自信在投资者情绪影响股价暴跌风险中"扮演"了一部分"中介"的角色；第二条是证券分析师的乐观偏差，作为证券市场的信息中介的分析师由于被投资者情绪感染而有偏地解读了市场信息，进而发挥了中介效应，提高了公司股价未来崩溃的概率。基于此，结合上述分析，本书提出以下有待检验的研究假设5：

假设5A：投资者情绪对公司股价暴跌风险具有显著的正向影响，在这种正向影响中，有一种可能是通过"管理者过度自信"的中介渠道实现的（详见第六章）。

假设5B：投资者情绪对公司股价暴跌风险具有显著的正向影响，在这种正向影响中，有另一种可能是通过"分析师乐观偏差"的中介渠道实现的（详见第七章）。

第五节　基于中国情境的公司股价暴跌风险的拓展分析

在认知失调理论中，不是每种失调关系的失调程度都相同，其决定因素之一是组成失调关系的两个元素的特点。两元素之间失调程度与元素重要程度同方向增长，当失调出现时，个人面临着减少或消除失调的压力。减轻失调的压力程度与失调程度同向增长，失调越大，个体的快乐程度就越低，减少失调的行动程度相应也就越大。

进一步，费斯汀格运用该理论解释了社会影响的机理和过程，他认为，在社会影响的过程中，特别是公开表达分歧意见的过程中，失调中所涉及认知元素的重要性影响了失调程度，认知元素越重要，所产生的失调程度将越大。更进一步，在意见分歧的情境中有些特定的变量影响了与其他人观点相对应的认知元素的重要性，其中，一个重要的变量便是表达不同意见的个人或群体与所涉及的观点之间的关系。如果某一观点对该个人或群体是重要的或特别相关的，那么，这个人或群体所产生的失调将很大。或者，持不同意见的人或群体与该观点相关性越强，相对于其他人的意见的认知元素就越重要，由意见分歧所产生的失调也就越大。如果表达不同意见的那个人是一位专家或者对问题具有洞察力，那么，与其相反的认知，同自己观点之间的失调就会很大。

影响认知元素的重要性并影响失调程度的另一变量是，持不同意见的那个人或所在群体的吸引力。如果这个变量与群体有关，那么，它常被称为群体内聚力，群体内聚力的含义是成员被拉向群体并使之留在群体内的整个吸引力的总和。我们有理由假设，如果其他人在某种意义上对这个人是重要的，或者如果这个群体对这个人是重要的、具有吸引力的，那么，一个人自己的观点同群体成员的相反观点的认知之间的失调程度就比较大。

费斯汀格更进一步地推理出，在社会影响过程中，若失调的认知元素对个体越重要,若持不同意见的那个人是专家或对问题越具有真知灼见,若群体内聚力越强,个体的失调程度及其伴随的压力程度也就越大,改变自己的观念并以此作为对意见分歧的反应的倾向也就越大。

从费斯汀格的认知失调理论及其解释社会影响的机理和过程中,我们可以清晰地看出,在失调的关系中,谁的信念以及对谁而言,影响了认知元素的重要性,就影响了失调程度及相应的压力大小,继而影响了行动的程度。

投资者情绪"激活"管理者的过度自信以及"激活"的程度,也可以通过情绪的认知评价理论来诠释。情绪认知评价理论是20世纪50年代美国心理学家阿诺德(M. B. Arnold)提出的,后又被拉扎勒斯(R. S. Lazarus)进一步扩展。该理论也称"认知—评估理论""情绪评估—兴奋学说",其是从认知的观点看待情绪问题的理论,也是把认知因素看作情绪产生的原因的理论。

情境事件是情绪赖以产生的源泉,但在大多数情况下又不是由刺激事件直接、机械来决定的。个体如何理解当前的情境刺激,它对个体又有什么意义或作用,都需要通过个体的认知评价来揭示。阿诺德认为,个体通过个体评价感知到刺激事件的意义后,就会产生情感体验。知觉过程对刺激事件进行初步筛选,认知过程按照当前刺激信息,提取信息库中相关的储存,并进行加工处理,刺激事件与发生情绪反应之间必不可少的媒介就是知觉和认知,这就是阿诺德创建的"情绪评价说"。

依据阿诺德的描述,情绪的整个神经通路是大脑皮层兴奋的作用与结果。他把环境影响引向认知,把生理激活从自主系统推向大脑皮层,通过"认知评价—皮层兴奋"的模式,强调来自环境的影响要经过主体评估情境刺激的意义,才能产生情绪。因此,在社会心理学研究领域,阿诺德的理论又被称为"情绪评价—兴奋理论"。

在发展阿诺德的"情绪评价理论"的庞大队伍中,拉扎勒斯的理论与实验最有建树。我们如果将阿诺德称为情绪认知理论的先驱,那么,拉扎勒斯应该是该理论的集大成者。拉扎勒斯认为,要了解情绪的来源,就应该将人与环境之间的相互关系纳入情绪的综合分析和考量中。具体情绪取决于人所处的具体环境对其产生的影响,因为同一环境对不同的人产生的意义不同,不同的人会产生不同的情绪后果,不同的人通过认知评价来产生不同的意义。拉扎勒斯在这里展示了他所有理论的关键:情绪是对意义的反应,这些反应是通过认知评价来确定和完成的。在阿诺德(1950)认知评价理论的基础上,拉扎勒斯(1991)进一步提出了一种情绪激活模型,认为情绪源于一系列认知评价,其中特定情绪被激活以及被激活的强度取决于目标相关性评估。情绪被视为一个人对环境的反应，无论好坏，人们必须不断评估自己与刺激情境之间的关系。当刺激情境可能与个人的特定价值目标相关时，它会刺激大脑皮层，从而激活该情绪，而且，相关性越大，激活的情绪越强。相反，当一个人将一个知觉对象评价为与他无关时，他就会冷漠并予以无视，因此，情绪是人们内心体验的使者，是驱使人们采取行动的动力。

从情绪认知理论的分析中，我们可以看出该方面的理论主要讨论情绪的产生的问题。不管是阿诺德还是拉扎勒斯，他们都强调情绪赖以产生的源泉在于外部环境刺激，更为重要的是，他们更加强调外部环境刺激能产生情绪及产生何种程度的情绪的根本条件在于：个体对外部环境的体验和评价。

一、机构投资者情绪与公司股价暴跌风险

1998年，证券投资基金诞生，自此，以它为代表的中国机构投资者发展迅速，逐渐对资本市场产生了重要的影响。2004年，国务院《关于促进资本市场改革开放稳定发展的若干意见》强调了机构投资者的参与对我国资本市场投资者结构改善的重要作用。近年来，中国资本市场快速发展，资本市场的格局正逐渐由以个人投资者为主，向以机构投资者为主的方向转变。随着国内外资本市场投资者机构化，近年来学术界研究的热点之一就是机构投资者是否起到稳定资本市场的作用（王咏梅和王亚平，2011；刘京军和徐浩萍，2012；田澍等，2012；许年行等，2013）。肯定的一方认为，机构投资者是股市暴涨暴跌的"制衡器"（Hirshleifer等，1994；Cohen，2002），这是因为机构投资者具有专业的财务管理、信息收集和规模等优势。他们经常以极低的价格买入股票，并以过高的价格卖出股票，从而无法将股票恢复到其内在价值，并降低波动性。反对的一方认为，机构投资者是股市暴涨暴跌的"助推器"（Patrick和Deon，2002；陈国进等，2010）。这种观点认为，机构投资者的推动作用体现在，对基金持有人持续申购或赎回所导致的被动行为，与机构投资者利用市场投资者的行为金融偏差采取主动理性投资行为的双重影响（许年行等，2013）。因此，现有文献主要从机构投资者自身特质的角度分析其稳定市场的功能，然而，现实状况在于，资本市场并非有效市场，投资者情绪波动剧烈，而且对实体经济具有重大影响（Dong等，2012；Hau和Lai，2013）。

在上面研究假设4A的推演过程中，还存在另一个潜在前提：公司决策者对不同类型的投资者情绪的感受是相同的，将诱发相同性质和程度的管理者过度自信或过度乐观，并进一步影响公司股价的暴跌风险。根据前文对认知失调理论的分析，我们可以明确地知道，若持不同意见的那个人是专家或对问题具有洞察力，或者群体内聚力越强，个体的失调程度及其伴随的压力程度也就越大，改变自己的观念并以此作为对意见分歧的反应的倾向也就越大。基于此，我们试图放弃假设4A中的投资者同质性的前提条件，在投资者情绪影响公司股价暴跌风险的理论框架中嵌入机构投资者的公司持股这一特定情境，来考察融入机构投资者情绪的机构持股情境是否能对公司股价暴跌现象具有调节效应。我们试图回答，在投资者情绪对上市公司股价暴跌的影响过程中，被监管层寄予厚望的机构投资者，是股价暴跌风险的"助推器"，还是"制衡器"？随着机构投资者持股数量的增加，投资者情绪对股价暴跌风险的影响是显著增大，还是有所减小？

费斯汀格（1999）的认知失调理论进一步认为，并非所有失调关系都具有相同的失调程度，那么，在社会影响的过程中，何种因素影响了失调程度呢？费斯汀格认为在失调的关系中，"谁的信念"影响了失调程度及相应的压力大小，继而影响了行动的程度。基于上述分析方式，结合机构投资者自身特质，后续章节分别从理性投资者（对问题具有真知灼见）、群体内聚力这两个方面阐述机构投资者和个体投资者的情绪对企业管理者过度自信的塑造效应的区别，从而探讨由此引致的后续的坏消息窖藏等决策行为的差异，试图揭示机构投资者这一制度情境介入管理者过度自信进而影响公司股价暴跌风险的过程（详见第八章）。

二、国有公司管理者与公司股价暴跌风险

上述部分的心理学分析告诉我们，在投资者情绪与企业股价暴跌风险的关系中，管理者过度自信能够充当中介渠道，投资者情绪可能引发公司管理者过度自信，继而影响公司管理者的各类决策行为。我们需要强调的是，上述假设条件存在一个潜在的假设前提：不同产权性质背景的企业管理者对投资者情绪的体验是一致的，同一程度的投资者情绪必将诱发或感染相同程度的管理者过度自信，并进一步影响公司决策者后续暴跌风险的处置行为。

根据上节对认知失调理论和情绪认知评价理论的分析，我们可以清晰地看到，同一性质和程度的外部刺激情境（投资者情绪），对不同产权性质公司的个体（管理者）的重要性存在区别，不同产权性质公司的个体（管理者）对其体验和评估也可能明显不同，这将会产生不同的情绪反应和相应的行为倾向（花贵如，2015）。因此，相同程度的、高涨的投资者情绪未必"唤起"相同程度的公司决策者过度自信，对不同产权性质公司的管理者后续的各类决策行为的影响程度也存在差异。

同样，在中国"新兴+转型"的资本市场环境中，也有不少中国特色的制度措施，与国外发达的资本市场相比，我国上市公司最根本的特征是大部分具有国有上市公司的产权情境。这主要是因为中国在进行经济转型，产权国有的目的是帮助国有上市公司改制与脱困。20多年来尽管经历了多项改革，民营上市公司股票的发行上市准入门槛逐步降低，从最初的审批制到了核准制、注册制，但本质并没有发生根本改变，国有上市公司依旧主导资本市场资源配置。政府有能力且有足够的动机通过国有控股对上市公司的管理决策产生重要的影响（辛清泉等，2007；郝颖等，2010；周中胜和罗正英，2011；花贵如等，2014；唐玮，2017）。首先，从本质上看，国有上市公司的所有权由人民群众享有，控制权结构从计划经济时代的国家或政府直接管辖到设立国有资产管理部门专职受托管理，这一"扩权让利"的变化过程具有明显的时代背景，也带来了委托代理的问题。国有资产管理部门作为国有上市公司的股东，可以通过关键投资决策和管理者人员选择来控制公司。国有企业管理者负责具体的经营管理，从而形成"人民—国家—地方政府—国有上市公司"的委托代理结构（陆跃祥和游五洋，2000）。这种结构带来的一个问题就是国有股东的"虚位"，由于国有资产管理部门属于政府职能机构的一员，既缺乏企业治理的独立性也不享有剩余索取权，导致其缺乏在监督和激励管理者方面的动力和积极性，信息不对称和相关成本的限制也使其难以有效履行股东职责（陆跃祥和游五洋，2000）。这样的背景导致内部人控制局面的形成，实质上掌控公司的高管迎来了利益寻租的便利和渠道。与民营上市公司相比，国有上市公司由于大股东的实质性缺位，导致了国企管理者有更强能力掩盖公司的真实经营情况，获取控制权私利。其次，与民营上市公司追求股东价值最大化不同，国有企业为了最大化社会效益和社会职能，还需履行相关社会责任。我国长期以来，以经济增长作为地方政府政绩考核的重要指标之一，这导致地方政府为实现辖区经济的发展，往往有强烈的动机干预上市公司经营和公司治理。我国国有资产管理者对国有上市公司的管理往往是直接任命管理层，国企高管又是作为国家治理体系的一分子参与企业经营，其发展具有深厚的政治色彩。相对于国外自由市场的经理人，我国国有上市公司经理层往往只受到其管理方，即地方政府或者国有资产管理部门的影响，而不会面临市场的压力。我国长期以来发展经济的目标强烈，国有上市公司往往与地方政府具有较强的关联性。国有上市公司经理层为追求经济或政治上的利益，实现个人政治利益最大化，往往追求个人政绩的表现，或者满足上级主管部门的利益。这一动机导致我国国有上市公司经理层在日常的企业经营决策中往往不会考虑中小股东的利益，甚至会侵占中小股东的利益。最后，与民营上市公司存在强烈监督激励机制不同，国有股权要求的社会福利最大化的目标难以具体衡量，管理层的激励水平较低，因为难以明确量化管理层的考核目标，国有上市公司的管理者可能会缺乏付出全部努力的动力，甚至可能会因为个人利益动机而转移国家资源，侵占股东利益。目前，国企正处在深化改革的浪潮之下，尤其是对国企高管的薪酬管制使得超额薪酬不复存在，普降后的薪酬水平与民营上市公司管理者的高额薪酬方面不可相比，这也导致国企激励存在诸如过度在职消费和腐败等利益寻租的情形。在此背景下，股权激励容易成为高管实现自身利益最大化的可能工具，尤其是当前股市的活跃为其获取可观行权收益提供了机会，此时实施股权激励更容易被内部人操纵。对管理者而言进行盈余操纵优化行权的成本进一步下降，伴随权利的扩大，其获取私利和进行盈余操作进而提升薪酬的动机与能力随之上升，使得股权激励成为"利益寻租"的产物（权小锋等，2010）。与国有上市公司不同，民营上市公司受上述因素影响的概率较低。民营上市公司大多是自负盈亏、权责分明且以营利为目的的独立法人，企业的经营剩余权利掌控在大股东手中。相较于国有上市公司，民营上市公司大股东的监督和激励意愿更加积极，内部治理效率更高，更何况面对激烈的市场竞争，有效激励高管是提升公司经营水平和使民营上市公司站稳脚跟的不二之选。大多数学者的研究发现，国企的股权激励方案受到政策约束和内部人控制等多方面的限制，多表现为福利型，而民营上市公司方案的激励特性更为明显。这些股权激励特性的差异，使得同等水平的投资者情绪对于国有企业的各项决策而言，比在民营企业中更为"重要"。基于费斯汀格的理论分析，结合国有上市公司的特色情境，我们试图回答，作为中国特色情境的国有产权制度安排，在投资者情绪影响公司股价暴跌的情境下，能有效降低其国有背景管理者的过度自信程度，并基于其独特的政府背景、社会关系和政治管理，部分调节和降低公司股价暴跌的可能性。后续的章节中，我们将陆续探讨在国有身份加持之后的公司管理者，有效缓解自身的过度自信，灵活运用其政治背景和社会关系，缓解或回避部分公司股价暴跌的风险（详见第九章）。

三、管理者社会地位与公司股价暴跌风险

管理者的过度自信行为与公司股价暴跌现象密切相关，管理者过度自信或过度乐观均会导致股票暴跌甚至股市产生震荡危机。管理者过度自信既受个体特征的影响，又会随着交流学习在社会网络中蔓延、传播，并在互动过程中呈现趋同现象。管理者社会地位作为社会网络的一种，是指一组管理者与连接他们的各种人情关系的集合。基于图论表达方式，管理者社会网络犹如结点与线绘制成一张图，图中的结点代表了一个管理者，而图中的线则代表结点与结点之间的连接关系。目前，研究管理者社会地位的一种方法即是度量其在某类社会网络中的位置。社会网络分析的思路就是来研究各个结点之间的社会关系联结以及网络结构的特征和价值。管理者社会网络通过管理者与管理者之间共同的兴趣爱好、相同的学历和经验或者任职于同一公司所连接，是一个长期演化的社会过程。管理者作为经济中的个体，扮演着多种社会角色，拥有不同的社会关系，管理者社会网络被认为是管理者与其他成员之间相互联系的集合，代表管理者社会关系的集合。

管理者所嵌入的网络既是企业商业业务往来关系，又可以追溯到自身个体的关系。商业业务网络是基于管理者所在企业与其他企业产生商业关系而建立的各种关系，如交叉持股、合伙人、银行等。个人网络是基于与管理者"自我"存在直接或者间接联系的关系，如同乡、校友、下属、同事以及日常来往的政府官员等。这种管理者网络特性，不仅为管理者们提供各种资源和信息，还为其提供了情感及信任，由此可见，相较于一般的社会网络，管理者社会网络更为错综复杂。管理者的社交网络很重要，因为管理者可以获得嵌入公司网络的社会资本，这种社会资本可以通过积累的声誉、获取的潜在资源、信息优势来获取。处于不同网络结构位置的管理者所能获取的镶嵌在社会网络中的社会资本存在差异，这就对其在公司的管理能力和管理行为形成了不同程度的影响（Lin，2002）。目前有许多衡量网络位置的变量，其中中心度和结构洞是最值得学界广泛研究和认可的变量（Powell 等，1996；Zaheer 和 Bell，2005），因此，后续章节笔者将通过中心度和结构洞来刻画管理者在企业网络中的网络位置，以量化管理者的社会地位。笔者试图在中国这种人情味浓厚和关系更为紧密的社会网络上，来探讨如何理性地对待管理者的社会化程度和社会背景差异化，如何识别和刻画管理者的社会网络关系状况对其过度自信的影响？其扩散过程

呈现何种规律？扩散机制与传播渠道是什么？探讨这些问题有助于从微观视角更好地认识管理者过度自信的演化和传播规律，以期抑制管理者非理性行为，对缓解公司股价未来暴跌风险有所启示（详见第十章）。

第六节 本章小结

首先，本章依次描述了投资者情绪、管理者过度自信、机构投资者乐观偏差对公司股价暴跌风险的影响机制。其次，基于情绪传染理论和社会影响理论，刻画出投资者情绪增加公司股价暴跌的中介渠道，其一是管理者过度自信，其二是分析师乐观偏差；最后，考虑投资者情绪与行为会随环境的影响而变化，本章选取了中国股票市场典型的三类制度与环境情境，理论推演了不同情境下投资者情绪对公司股价暴跌风险的不同作用机制。

第四章

中国情境下公司股价暴跌现象研究

第一节 本章引言

第一章的股价暴跌风险特性表明,股价暴跌风险的一个重要性质就是股票收益的不对称性,即收益的负偏性。基于此,学者们尝试通过度量收益负偏程度来预测个股股价暴跌风险。代表性度量指标包括负收益偏态系数、股价暴跌概率、涨跌波动率等指标、股价暴跌频度、股价暴跌损失程度等。其中,股价暴跌概率属于二元离散变量指标,负收益偏态系数、涨跌波动率属于连续变量指标。

第二节 公司股价暴跌风险度量方法

一、负偏态收益系数与上下波动比例

Chen 等(2001)较早地研究了公司股价暴跌风险,将公司股价暴跌风险定义为股票收益率的条件偏态分布程度,并给出了相应的度量方法,但未能对股价暴跌风险的形成机理给出系统性的理论解释。Jin 和 Myers(2006)从公司内部环境出发,在委托代理理论的框架下,对公司股价崩盘风险形成了较为系统的总结,形成了"信息窖藏假说",认为管理层会出于一些目的(如工资合同、帝国建设等)去推延甚至隐瞒公司内部的负面消息,但是,当负面消息最终累积达到一个临界点时,将集中、瞬间释放到市场上,导致公司股价崩盘。这一理论得到了广泛的认可和应用,现今的公司金融研究中关于股价暴

跌风险的探讨，较少关注市场层面的大盘股价暴跌风险，都是基于 Jin 和 Myers （2006）的形成机制框架，借鉴 Chen 等（2001）对个股股价暴跌风险崩盘风险的计量方法：负收益偏态系数（NCSKEW）和上下波动比例（DUVOL）。Chen 等（2001）将股价暴跌风险指标定义为负收益偏态系数（NCSKEW），该指标等于 -1 乘以股票日收益率的三阶矩除以股票日收益率的标准差的三次方，具体公式如下（4-1）：

$$NCSKEW_{i,t} = -[n(n-1)^{3/2} \sum R_{i,t}^3] / [(n-1)(n-2)(\sum R_{i,t}^2)^{3/2}] \quad (4-1)$$

公式（4-1）中 i 代表不同股票，t 代表不同时间；n 为一年时间里第 i 家公司股票的交易周数，$R_{i,t}$ 为个股经市场均值调整后的日收益率。该公式表明负收益偏态系数越大，股价暴跌风险越高。

上述的负收益偏态系数在计算时，三次方运算可能会放大某个时段中某个股极端收益率对指标的影响，因此，Chen 等（2001）还设计了另外一个指标，即上下波动比例（DUVOL）。该指标是股票 i，在第 t 时间段中的样本，按照收益率是否高于均值将样本分为两部分，然后将两类样本的标准差相除并取对数，具体计算公式如下：

$$DUVOL_{i,t} = \log\{[(n_u - 1) \sum_{Down} R_{i,t}^2] / [(n_d - 1) \sum_{Up} R_{i,t}^2]\} \quad (4-2)$$

公式（4-2）中，n_u（n_d）为股票 i 的特定周收益率高于（低于）周期 t 中收益率均值的天数，其余符号都同公式（4-1），并且上下波动比例也是一个正向指标，即上下波动比例越大，股价暴跌风险越高。

Chen 等（2001）在个股股价暴跌风险的度量上做出了开创性的贡献，后续关于个股股价暴跌风险的实证研究，大都借鉴了他们所使用的指标来衡量股票暴跌风险。

后续关于股价暴跌风险的研究，相对于 Chen 等（2001）的研究，改进了计算个股收益的方法。这些改进主要体现在两个方面：一方面，计算不使用个股半年的日收益率，而是使用个股的年度周收益率。另一方面，排除市场因素和行业因素对个股收益的影响，考虑股价非同步交易的影响。例如，在 Hutton 等（2009）的研究中，通过在模型（4-3）中加入市场收益 $r_{m,t}$ 及其前置项和后推项，我们可以去除市场因素和股票非同步交易对个股收益的影响。

$$r_{i,t} = \alpha + \beta_{1,i} r_{m,t-2} + \beta_{2,i} r_{m,t-1} + \beta_{3,i} r_{m,t} + \beta_{4,i} r_{m,t+1} + \beta_{5,i} r_{m,t+2} + \varepsilon_{i,t} \quad (4-3)$$

其中，$r_{i,t}$ 为第 i 家公司股票第 t 期周收益率，$r_{m,t}$ 为经流通市值加权计算得到的第 t 期市场周收益率，$\varepsilon_{i,t}$ 代表着第 i 家公司股票周收益率中没有被市场周收益率解释的部分，该负值越小，第 i 个公司股票的周收益率与市场周收益率的负偏差越大，公司股价暴跌风险越大。由模型（4-3）得出残差项 $\varepsilon_{i,t}$，并对其对数转换得出 $W_{i,t}$，定义为第 i 家公司第 t 期的周特定收益率。

$$W_{i,t} = \ln(1 + \varepsilon_{i,t}) \tag{4-4}$$

使用公式（4-4）得出的 $W_{i,t}$，代替公式（4-1）、（4-2）中的 $R_{i,t}$，计算出 NCSKEW 和 DUVOL。模型（4-3）中虽然以周特定收益率来作为股票收益率的替代，剔除了市场周期和非同步交易对个股收益率的影响，提高了准确度，但是上述模型没有考虑行业因素。由于模型（4-3）中没有考虑到行业因素，陶洪亮和申宇（2011）与王佩和宋凯（2013）借鉴 Jin、Myers（2006）与 Jim（2011）的方法，以个股的周收益率作为因变量，以当期的市场周收益率、提前一期的市场周收益率、提前一期的行业周收益率、滞后一期的市场周收益率、滞后一期的行业周收益率为自变量，对个股分年度进行回归。建模型（4-5）：

$$R_{it} = \alpha + \beta_{1,i} R_{m,t-1} + \beta_{2,i} R_{m,t} + \beta_{3,i} R_{m,t+1} + \beta_{4,i} R_{j,t-1} + \beta_{5,i} R_{j,t} + \beta_{6,i} R_{j,t+1} + \varepsilon_{i,t} \tag{4-5}$$

其中，$R_{i,t}$ 表示股票 i 在 t 周的收益率；$R_{m,t}$ 表示沪、深两市流通市值加权综合指数在 t 周的收益率；$R_{j,t}$ 表示股票 i 所在的行业 j 在第 t 周的流通市值加权收益率，采用证监会行业分类标准的次类分类；$t-1$、$t+1$ 是时间下标，分别表示滞后一期、提前一期；$\varepsilon_{i,t}$ 是扰动项，表示经市场和行业调整后的公司个体信息对股票收益的影响，反映了公司的个体信息风险。该方法使用 $\varepsilon_{i,t}$ 代替公式（4-1）、（4-2）中的 $R_{i,t}$ 计算出 NCSKEW 和 DUVOL。

二、股价暴跌频率

股价暴跌频率是研究年份间上市公司存在崩盘周时度量的。当上市公司当年存在股价暴跌周，则界定为存在股价暴跌风险，取值为 1，否则为 0。Marin 和 Oliver（2008）、Hutton 等（2009）、Kim 等（2011）使用了该变量衡量股价暴跌风险，确定股价暴跌周的基本模型如下：

$$Crash\_Week = \begin{cases} 1, & \text{股票收益率} \leq \text{临界值} \\ 0, & \text{其他} \end{cases} \tag{4-6}$$

$Crash\_Week$ 是一个哑变量，当股票特定周收益率小于或等于确定临界值时，取值为1，该周被定为股价暴跌周；当大于确定临界值时，取值为0。如果该年度存在一次以上的股价暴跌周，则 Crash 取值为1，反之为0。股价暴跌风险和临界值的确定存在不同，计算方法也不同。

Marin 和 Oliver（2008）基于个股收益率服从均值为 μ，标准差为 σ 的正态分布的假设，用超额收益率替代基本模型（4-6）中的股票收益率，临界值取为-2倍的超额收益率标准差，因此，计算模型如下：

$$ERCRASH_{i,t} = \begin{cases} 1, & r_{i,t}^{ER} - \overline{r_{i,t}^{ER}} \leq -2\sigma_{i,t}^{ER} \\ 0, & \text{其他} \end{cases} \quad (4-7)$$

其中，$r_{i,t}^{ER}$ 表示股票 i 在 t 月的超额收益率，即 $r_{i,t}^{ER} = r_{i,t} - r_{m,t}$，$r_{i,t}$ 为股票 i 在 t 月的收益率，$r_{m,t}$ 为加权平均市场组合月收益率，$\overline{r_{i,t}^{ER}}$ 和 $\sigma_{i,t}^{ER}$ 分别是股票 i 在 t 月的平均超额收益率和标准差。如果一只股票的超额收益与该股票过去60个月的平均超额收益之差小于或等于阈值，则表示该股票已暴跌过，股价暴跌的概率为1，否则为0。

除用超额收益率和2倍标准差取临界值外，Marin 和 Oliver（2008）还采用了经 β 调整的超额收益率，$r_{i,t}^{MM} = r_{j,t} - [r_{f,t} + \beta(r_{m,t} - r_{f,t})]$ 作为股票收益率的替代。其中，$r_{f,t}$ 是无风险利率，β 是由过去60个月的股票收益率计算得出的，因此计算模型如下：

$$MMCRASH_{i,t} = \begin{cases} 1, & r_{i,t}^{MM} - \overline{r_{i,t}^{MM}} \leq -2\sigma_{i,t}^{MM} \\ 0, & \text{其他} \end{cases} \quad (4-8)$$

其中，$r_{i,t}^{MM}$ 表示股票 i 在 t 月经 β 调整的超额收益率，$\overline{r_{i,t}^{MM}}$ 和 $\sigma_{i,t}^{MM}$ 分别是股票 i 在 t 月经 β 调整的平均超额收益率和标准差。如果某只股票在 t 月经 β 调整超额收益率与该股票在过去60个月在 t 月经 β 调整平均超额收益率之差，小于或等于临界点，则表示股票发生过崩盘，定义股价暴跌概率为1，否则为0。

Marin 和 Oliver（2008）还采用了股票的原始收益率作为股票收益率替代，去检验上述两种方法计算的股票崩盘风险与内部交易的稳健性。具体计算模型如下：

$$RAWCRASH_{i,t} = \begin{cases} 1, & r_{i,t} - \overline{r_{i,t}} \leq -2\sigma_{i,t} \\ 0, & \text{其他} \end{cases} \quad (4-9)$$

其中，$r_{i,t}$ 表示股票 i 在 t 月原始收益率，$\overline{r_{i,t}}$ 和 $\sigma_{i,t}$ 分别是股票 i 在 t 月的平均原始收益率和标准差。如果某只股票在 t 月原始收益率与该股票在过去60个

月在 t 月平均超额收益率之差,小于或等于临界点,则表示股票发生过崩盘,定义股价暴跌概率为1,否则为0。

Hutton 等(2009)考虑了行业特征的特定股票收益率替代股票收益率,考虑了行业因素的特定收益率的均值减去 3.09 个特定周收益率的标准差,3.09 个标准差在正态分布中恰好处于0.1%的边缘,当股票收益率发生极端现象,则发生股价暴跌的概率极大。其具体计算模型为:

$$Crash\_Week = \begin{cases} 1, & W_{i,t} \leq average(W_{i,t}) - 3.09\sigma_{i,t} \\ 0, & 其他 \end{cases} \quad (4-10)$$

其中,$W_{i,t}$ 为考虑了行业特征的股票周特定收益率,$\sigma_{i,t}$ 为周特定收益率的标准差,当考虑了行业特征的股票周特定收益率小于其平均值减去 3.09 个标准差,$Crash\_Week$ 取1,否则取0。在后续的研究中,为了严格定义崩盘风险指标,Kim(2011)将临界值选为特定周收益率均值减去 3.20 个标准差。其具体计算模型为:

$$Crash\_Week = \begin{cases} 1, & W_{i,t} \leq average(W_{i,t}) - 3.20\sigma_{i,t} \\ 0, & 其他 \end{cases} \quad (4-11)$$

其中,$W_{i,t}$ 为考虑了行业特征的股票周特定收益率,$\sigma_{i,t}$ 为周特定收益率的标准差,当考虑了行业特征的股票周特定收益率小于其平均值减去 3.20 个标准差,$Crash\_Week$ 取1,否则取0。

该指标的优点是计算方便,可以同时衡量一只股票的涨跌情况,但也有缺点:(1)由于使用的是二元变量,因此无法直接描述暴跌的程度和大小;(2)以临界点作为划分股价暴跌风险的指标,计算标准有些主观。

三、股价暴跌频度

股价暴跌的频度,是考察年度内发生股价暴跌的周个数来确定的。Jim 和 Myers(2006)从国家层面出发,将各国平均崩盘次数作为股价暴跌风险的衡量指标,其计算过程如下:

$$Count_j^{Down} = N(\varepsilon_{i,t} - \bar{\varepsilon}) \leq -k\sigma_j$$

$$Count_j^{Up} = N(\varepsilon_{i,t} - \bar{\varepsilon}) \geq -k\sigma_j$$

$$Count_j = Count_j^{Down} - Count_j^{Up}$$

$$Count = \frac{\sum_{j=1}^{n} Count_j}{n} \quad (4-12)$$

在上述模型中，$\varepsilon_{j,t}$ 是由下列模型推算出来的残差收益率：

$$r_{j,t} = \alpha_j + \beta_{1j}r_{m,i,t} + \beta_{2j}[r_{us,t} + ex_{i,t}] + \beta_{3j}r_{m,i,t-1} + \beta_{4j}[r_{us,t-1} + ex_{i,t-1}]$$
$$+ \beta_{5j}r_{m,i,t-2} + \beta_{6j}[r_{us,t-2} + ex_{i,t-2}] + \beta_{7j}r_{m,i,t+1} + \beta_{8j}[r_{us,t+1} + ex_{i,t+1}]$$
$$+ \beta_{9j}r_{m,i,t+2} + \beta_{10j}[r_{us,t+2} + ex_{i,t+2}] + \varepsilon_{i,t}$$

(4-13)

其中，ε_j 和 σ_j 分别是股票 j 在考察期内的平均残差收益率和标准差，k 是对数标准正态分布下的 99.99%、99.9%、99% 置信区间下的临界值，n 则表示该国家发行的股票数。当 Count 越大，则表明一个国家发生股价暴跌风险越大。

四、基于收益率分布尾部构建的崩盘风险度量

有研究对股价暴跌风险的度量有两种比较常用的度量方式，是基于收益率分布的尾部特征来构建的。假定经对数转换后的公司特定周收益率 $W_{i,t}$，服从正态分布：

$$W. \sim N(\mu, \sigma) \quad (4-14)$$

其中，μ 为均值，σ 为标准差。定义一个二元变量代表股票崩盘。具体构建方法如下：

（1）暴跌事件发生与否（CRASH）。通过公式（4-15）确认暴跌事件。

$$w_{i,t} \leq \mu - k\sigma \quad (4-15)$$

σ 的取值不同，对应不同的分位数，常用的选择有 3.09、2.58 和 2.33。其中，$k = 3.09$，对应在正态分布下尾部发生的概率为 0.1%；$k = 2.58$，对应在正态分布下尾部发生的概率为 0.5%；$k = 2.33$，对应在正态分布下尾部发生的概率为 1%。

如果在一年时间里，$W_{i,t}$ 公司特定周收益率一次或多次满足公式（4-15）表示股票 i 在 t 年发生过暴跌；CRASH 取值为 1；否则，CRASH 取值为 0，表示崩盘事件未发生。

（2）暴跌事件发生频率（CRASHFRQ）。CRASH 指标对临界值分位数的选取较为敏感，但对临界值分位数之下的尾部分布刻画较为单薄。在临界值分位数之下，尾部分布的不同在 CRASH 指标中完全不能体现。这与布场风险度量指标中在险价值（Value-at-Risk，VaR）存在的缺陷类似。为了克服这一缺陷，在 VaR 基础上构建了预期资本不足（Expected Shortfall，ES）指标，考虑了尾部分

布的均值（江婕和王正位，2015）。

类似，为了更好体现临界值分位数之下尾部分布的特点，可在 CRASH 指标的基础上，进一步统计一年中公司特定周收益率 $W_{i,t}$，低于特定分位数出现的频率，用当年暴跌次数除以交易周数得到新的度量指标 CRASHFRQ：

$$CRASHFRQ = \frac{COUNT_{i,t}}{Num_{i,t}} \qquad (4-16)$$

其中，COUNT 代表股票 i 在 t 年出现 CRASH 的次数，Num 代表股票 i 在 t 年的交易周数。

第三节　中国股票市场的公司股价暴跌风险测算及分析

本节使用前述 NCSKEW、DUVOL、CRASH 和 CRASHFRQ 四个指标对中国 A 股上市公司股票的崩盘风险进行实证测算与分析，并在后续章节中进一步开展相关实证研究。

本节以 2001—2020 年中国 A 股上市公司作为研究样本，所有样本公司交易数据来自 CSMAR 数据库。在数据合并过程中，本节样本经过以下处理：（1）剔除金融业公司；（2）剔除股票被 ST、PT 的年份；（3）剔除财务数据缺失的样本；（4）由于需要使用公司的特定周收益率来计算崩盘风险指标，而特定周收益是基于扩展的指数模型在回归中得到的残差加以整理而得，未来保证指数模型回归的正确性，剔除了年度周收益率数据不足的 30 个公司，最终得到前后 20 年共计 34131 个观测值。

一、负收益偏度系数（NCSKEW）

表 4-3-1 和表 4-3-2 是根据公式（4-1）计算得出的中国 A 股上市公司股票的崩盘风险指标 NCSKEW 的分年度和分行业描述性统计。其中，行业分类依据为中国证券监督管理委员会 2012 年修订的《上市公司行业分类指引》，共 19 个门类，如表 4-3-3 所示。

表 4-3-1　NCSKEW（综合市场流通市值平均法）的描述性统计——分年度

年份	N	mean	sd	p25	p50	p75	min	max
2001	1031	-0.148	0.776	-0.605	-0.152	0.243	-3.308	3.798
2002	1056	-0.119	0.802	-0.599	-0.101	0.351	-3.855	3.671
2003	1084	0.0645	0.818	-0.419	0.0451	0.466	-2.931	4.298
2004	1146	0.0367	0.754	-0.397	0.0234	0.429	-3.846	4.811
2005	1224	-0.034	0.724	-0.432	-0.021	0.377	-3.529	4.349
2006	1176	-0.447	0.686	-0.782	-0.404	-0.050	-3.209	6.180
2007	1239	-0.216	0.501	-0.486	-0.186	0.0955	-2.707	2.009
2008	1369	-0.073	0.605	-0.407	-0.083	0.206	-2.472	3.913
2009	1411	-0.510	0.580	-0.820	-0.439	-0.134	-3.352	2.639
2010	1542	-0.075	0.676	-0.487	-0.079	0.385	-2.837	1.993
2011	1741	-0.242	0.648	-0.607	-0.239	0.120	-3.476	3.406
2012	1915	-0.321	0.758	-0.726	-0.265	0.110	-3.487	3.037
2013	1999	-0.437	0.745	-0.835	-0.353	0.0426	-3.505	3.180
2014	2008	-0.361	0.783	-0.750	-0.265	0.126	-4.055	3.170
2015	2000	-0.226	0.641	-0.569	-0.231	0.110	-3.141	3.163
2016	2102	-0.499	0.745	-0.884	-0.441	-0.037	-3.685	2.781
2017	2329	-0.122	0.759	-0.536	-0.112	0.281	-3.678	4.342
2018	2548	-0.140	0.792	-0.564	-0.158	0.242	-3.181	4.044
2019	2613	-0.445	0.800	-0.856	-0.392	0.0176	-5.170	5.037
2020	2598	-0.432	0.815	-0.882	-0.391	0.0327	-4.606	3.935
总计	34131	-0.264	0.753	-0.662	-0.234	0.151	-5.170	6.180

总体而言，由表 4-3-1 可知，分年度来看，观测值随时间不断增多，与我国股票市场的上市公司数量的逐年不断增长相一致。在 2001—2020 年期间，上市公司 NCSKEW 的均值为 -0.264，最小值为 -5.170，最大值为 6.180，可见中国 A 股上市公司股价暴跌风险的差异较大。由于 NCSKEW 的标准差为 0.753，故出现极端值的可能性较大。

由图 4-3-1 可知，从年度均值看，NCSKEW 呈现出明显的负偏趋势性变化，并展示出均值回复的特性，这与中国A股市场暴涨暴跌频繁的特点相符。

表4-3-2中不包括J（金融业），因为金融业公司已在样本中被剔除。表4-3-2所列17个大门类中，C（制造业）的观测值最多，约占全部样本的62.36%，其次是F（批发和零售业）、K（房地产业），各约占全部样本的6.64%和5.45%。分行业来看，由图4-3-2可以看出，*NCSKEW*最低的行业为G（交通运输、仓储和邮政业），最高的行业为P（教育）。总体而言，除教育业（P）表现出正偏趋势外，其他行业均整体呈现出负偏特征，且各行业的*NCSKEW*值区别不大，基本围绕在-0.20附近。

表4-3-2 *NCSKEW*（综合市场流通市值平均法）的描述性统计——分行业

行业	N	mean	sd	p25	p50	p75	min	max
A	593	-0.238	0.717	-0.642	-0.243	0.175	-3.775	2.082
B	862	-0.351	0.712	-0.744	-0.317	0.0645	-3.122	2.904
C	21283	-0.248	0.743	-0.636	-0.220	0.161	-4.533	5.037
D	1413	-0.326	0.739	-0.721	-0.272	0.0934	-4.606	3.671
E	929	-0.331	0.737	-0.750	-0.319	0.0980	-3.291	2.734
F	2265	-0.234	0.782	-0.627	-0.206	0.189	-3.505	4.811
G	1362	-0.389	0.840	-0.841	-0.352	0.0911	-4.127	6.180
H	154	-0.220	0.796	-0.625	-0.139	0.236	-2.921	1.802
I	1287	-0.254	0.740	-0.677	-0.221	0.185	-3.207	2.583
K	1859	-0.340	0.741	-0.756	-0.307	0.105	-5.170	4.298
L	419	-0.187	0.772	-0.529	-0.191	0.186	-3.089	4.050
M	158	-0.181	0.747	-0.669	-0.256	0.240	-2.572	2.241
N	349	-0.243	0.771	-0.631	-0.259	0.152	-4.130	3.935
O	65	-0.261	0.581	-0.639	-0.176	0.0774	-1.548	0.860
P	24	0.138	1.104	-0.536	-0.029	0.313	-2.054	3.823
Q	38	-0.204	0.745	-0.812	-0.276	0.317	-1.328	2.500
R	311	-0.220	0.791	-0.640	-0.205	0.180	-2.986	2.859
S	760	-0.234	0.853	-0.648	-0.216	0.170	-4.055	4.044
总计	34131	-0.264	0.753	-0.662	-0.234	0.151	-5.170	6.180

表 4-3-3 证监会 2012 年上市公司行业分类指引

代码	行业门类	代码	行业门类
A	农、林、渔、牧业	K	房地产业
B	采矿业	L	租赁和商务服务业
C	制造业	M	科学研究和技术服务业
D	电力、热力、燃气及水产和供应业	N	水利、环境和公共设施管理业
E	建筑业	O	居民服务、修理和其他服务业
F	批发和零售业	P	教育
G	交通运输、仓储和邮政业	Q	卫生和社会工作
H	住宿和餐饮业	R	文化、体育和娱乐业
I	信息传输、软件和信息技术服务业	S	综合
J	金融业		

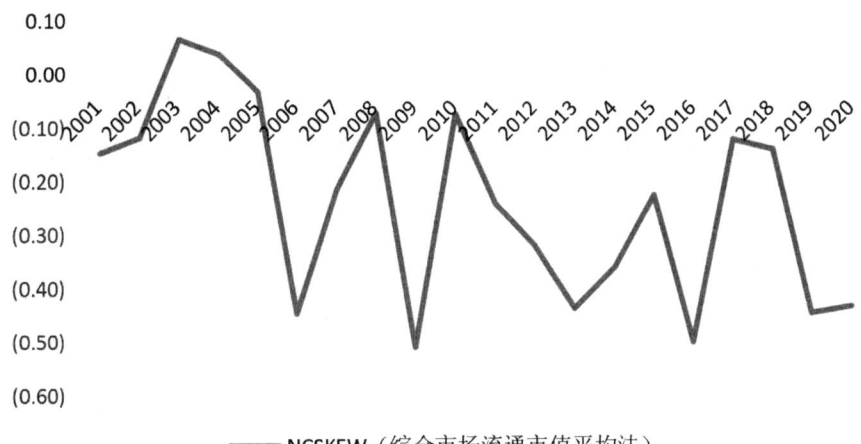

图 4-3-1 中国 A 股 NCSKEW 均值的年度变化

图 4-3-2 中国 A 股 NCSKEW 均值的行业比较

二、上下波动比例（DUVOL）

表 4-3-4 和表 4-3-5 是根据公式（4-2）计算而得的中国 A 股上市公司股票的崩盘风险指标 DUVOL 的分年度和分行业描述性统计。

由表 4-3-4 可知，总体而言，A 股上市公司的 DUVOL 值在 2001—2020 年间的均值为 -0.180，最小值为 -2.560，最大值为 3.215，可见中国 A 股上市公司股价暴跌风险的差异较大。由于 DUVOL 的标准差为 0.495，故出现极端值的可能性较大。

表 4-3-4　DUVOL（综合市场流通市值平均法）的描述性统计——分年度

年份	N	mean	sd	p25	p50	p75	min	max
2001	1031	-0.138	0.502	-0.481	-0.144	0.182	-2.512	1.766
2002	1056	-0.097	0.517	-0.447	-0.086	0.251	-1.930	1.972
2003	1084	0.0534	0.547	-0.310	0.0522	0.381	-2.026	2.429
2004	1146	0.0525	0.491	-0.270	0.0405	0.348	-1.532	1.968
2005	1224	-0.038	0.484	-0.332	-0.030	0.260	-1.796	2.418

续表

年份	N	mean	sd	p25	p50	p75	min	max
2006	1176	-0.316	0.473	-0.610	-0.307	-0.028	-2.070	3.215
2007	1239	-0.174	0.384	-0.428	-0.162	0.0755	-1.406	1.128
2008	1369	-0.044	0.423	-0.321	-0.064	0.197	-1.399	1.965
2009	1411	-0.383	0.404	-0.643	-0.391	-0.100	-1.812	0.972
2010	1542	-0.061	0.474	-0.395	-0.050	0.258	-1.928	1.174
2011	1741	-0.171	0.439	-0.465	-0.177	0.122	-1.454	1.549
2012	1915	-0.207	0.483	-0.519	-0.210	0.108	-1.849	1.384
2013	1999	-0.271	0.472	-0.567	-0.273	0.0559	-2.007	1.874
2014	2008	-0.223	0.514	-0.546	-0.179	0.121	-2.469	1.400
2015	2000	-0.183	0.463	-0.476	-0.194	0.0900	-1.926	1.799
2016	2102	-0.343	0.488	-0.664	-0.333	-0.019	-2.224	1.741
2017	2329	-0.047	0.498	-0.387	-0.043	0.258	-1.923	2.232
2018	2548	-0.108	0.514	-0.437	-0.135	0.199	-2.078	2.505
2019	2613	-0.290	0.473	-0.593	-0.305	0.001	-2.147	2.277
2020	2598	-0.301	0.504	-0.632	-0.291	0.0301	-2.560	2.385
总计	34131	-0.180	0.495	-0.499	-0.182	0.133	-2.560	3.215

表 4-3-5 *DUVOL*（综合市场流通市值平均法）的描述性统计——分行业

行业	N	mean	sd	p25	p50	p75	min	max
A	593	-0.162	0.494	-0.492	-0.174	0.155	-2.143	1.680
B	862	-0.242	0.484	-0.559	-0.250	0.0662	-2.069	1.914
C	21283	-0.170	0.493	-0.488	-0.172	0.141	-2.322	2.505
D	1413	-0.233	0.487	-0.542	-0.224	0.0667	-2.560	1.836
E	929	-0.223	0.490	-0.553	-0.233	0.0870	-1.849	2.086
F	2265	-0.161	0.494	-0.489	-0.161	0.146	-2.469	2.375
G	1362	-0.268	0.522	-0.611	-0.270	0.0766	-2.088	3.215
H	154	-0.123	0.498	-0.434	-0.169	0.240	-1.484	1.018
I	1287	-0.146	0.491	-0.485	-0.156	0.179	-1.592	1.824

续表

行业	N	mean	sd	p25	p50	p75	min	max
K	1859	-0.240	0.478	-0.548	-0.248	0.0756	-1.797	2.085
L	419	-0.122	0.503	-0.407	-0.114	0.173	-1.467	1.790
M	158	-0.094	0.534	-0.450	-0.178	0.228	-1.325	1.594
N	349	-0.169	0.502	-0.475	-0.173	0.111	-2.512	2.385
O	65	-0.145	0.416	-0.459	-0.176	0.105	-1.243	0.793
P	24	0.0131	0.511	-0.299	-0.104	0.306	-0.690	1.388
Q	38	-0.181	0.490	-0.513	-0.218	0.0877	-1.053	1.082
R	311	-0.141	0.485	-0.438	-0.160	0.174	-1.489	1.648
S	760	-0.155	0.542	-0.481	-0.157	0.160	-2.026	2.418
总计	34131	-0.180	0.495	-0.499	-0.182	0.133	-2.560	3.215

由图 4-3-3 可知，从年度均值来看，DUVOL 也呈现明显的单一负偏趋势性变化，且展示出均值回复的特点。由图 4-3-4 可知，从行业均值来看，DUVOL 最低的行业为 G（交通运输、仓储和邮政业），最高的行业为 P（教育），且教育业也表现出正偏趋势。总体而言，除 P（教育）外，其他行业均整体呈现出负偏特征，且各行业的 DUVOL 值区别不大，基本围绕在 -0.15 附近。

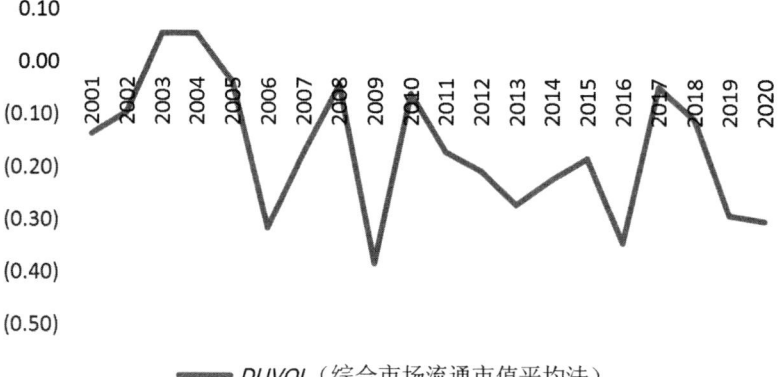

图 4-3-3　中国 A 股 DUVOL 均值的年度变化

比较 DUVOL 与 NCSKEW 可以看出，虽然在数值上略有差异，但二者在时间维度和截面维度的特性都极为类似。

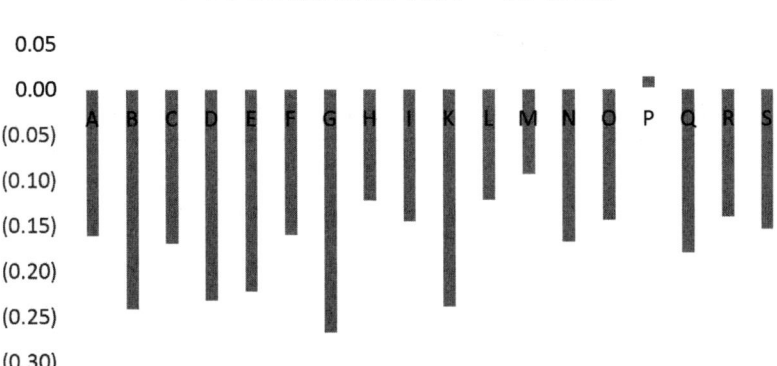

图 4-3-4 中国 A 股 DUVOL 均值的行业比较

三、暴跌事件发生与否（CRASH）

表 4-3-6 和表 4-3-7 分别概括了据公式（4-15）计算的二元变量 CRASH = 1 时的分年度和分行业描述性统计。本章选取了 3 个典型分位数作为临界值来计算 CRASH，分别是 0.1%、0.5% 和 1%，分别对应均值以下 3.09 倍、2.58 倍和 2.33 倍标准差。随着临界值分位数的提高，CRASH = 1 即个股实原发生暴跌的概率逐渐提高。平均而言，在 0.1%、0.5% 和 1% 分位数下，中国 A 股上市公司实际发生暴跌的概率平均为 11.93%、30.11% 和 45.23%，各年之间 A 股实际发生暴跌的概率差别较大。总体而言，无论在哪个分位数下，个股实际发生暴跌概率最高的年份为 2002 年（1% 分位数上暴跌概率最高是 2003 年的 60.70%，而 2002 年是 59.00%，排在第 2 位），个股实际发生暴跌概率最低的年份为 2009 年。从市场行情来看，投资者对 2007 年和 2015 年中国股票市场暴跌印象深刻。从表 4-3-6 可以看出，2007 年和 2015 年的个股发生暴跌概率的排序大约在后 1/3。这是因为本书采用的个股崩盘风险的度量指标，都是基于剔除了市场整体影响之后的公司特质收益计算而得的，度量的是在剔除市场、行业因素之后公司特质性波动带来的收益负偏程度，所以，对个股崩盘风险的评价与对整体市

场的下跌不完全一致是非常有可能的。

从行业分类来看，个股实际发生暴跌的概率在各行业之间的差别没有各年之间的差异那么大。在各分位数下，个股实际发生暴跌概率最高的行业是 P（教育），这与之前 NCSKEW 和 DUVOL 均正好相反，B（采矿业）和 Q（卫生以及社会工作）的个股实际暴跌概率较低。

表 4-3-6　典型分位数下 CRASH=1 的描述性统计——分年度

年份	0.1%分位数 观测值（个）	占比（%）	0.5%分位数 观测值（个）	占比（%）	1%分位数 观测值（个）	占比（%）
2001	173	16.78	356	34.53	504	48.88
2002	231	21.88	467	44.22	623	59.00
2003	213	19.65	479	44.19	658	60.70
2004	228	19.90	489	42.67	671	58.55
2005	215	17.57	478	39.05	660	53.92
2006	42	3.57	147	12.50	301	25.60
2007	55	4.44	245	19.77	441	35.59
2008	130	9.50	375	27.39	584	42.66
2009	29	2.06	174	12.33	336	23.81
2010	273	17.70	618	40.08	852	55.25
2011	174	10.00	476	27.34	750	43.08
2012	235	12.27	564	29.45	842	43.97
2013	176	8.80	510	25.51	807	40.37
2014	170	8.47	538	26.79	898	44.72
2015	186	9.30	498	24.90	809	40.45
2016	142	6.76	490	23.31	818	38.92
2017	321	13.78	769	33.02	1138	48.86
2018	409	16.05	900	35.32	1302	51.10
2019	344	13.16	874	33.45	1256	48.07
2020	325	12.51	830	31.95	1188	45.73
合计	4071	11.93	10277	30.11	15438	45.23

表 4-3-7 典型分位数下 CRASH=1 的描述性统计——分行业

行业	0.1%分位数 观测值（个）	占比（%）	0.5%分位数 观测值（个）	占比（%）	1%分位数 观测值（个）	占比（%）
A	70	11.80	172	29.01	261	44.01
B	67	7.77	211	24.48	345	40.02
C	2531	11.89	6382	29.99	9629	45.24
D	166	11.75	436	30.86	659	46.64
E	99	10.66	261	28.09	404	43.49
F	321	14.17	735	32.45	1070	47.24
G	172	12.63	409	30.03	607	44.57
H	18	11.69	57	37.01	77	50.00
I	147	11.42	394	30.46	585	45.45
K	204	10.97	536	28.83	806	43.36
L	61	14.56	139	33.17	208	49.64
M	25	15.82	56	35.44	76	48.10
N	42	12.03	108	30.95	153	43.84
O	9	13.85	18	27.69	29	44.62
P	5	20.83	11	45.83	14	55.33
Q	4	10.53	11	28.95	17	44.74
R	40	12.86	102	32.80	150	48.23
S	90	11.84	239	31.45	348	45.79
总计	4071	11.93	10277	30.11	15438	45.23

四、暴跌事件发生频率（CRASHFRQ）

表 4-3-8 和表 4-3-9 分别概括了 0.1%分位数临界值下 CRASHFRQ 指标的分年度与分行业描述性统计，个股暴跌实际发生平均频率为 0.45%，高于理论值 0.1%。表 4-3-10 和表 4-3-11 分别概括了 0.5%分位数临界值下 CRASHFRQ 指标的分年度与分行业描述性统计，个股暴跌实际发生平均率约为 0.65%，高于理论值 0.5%。表 4-3-12 和表 4-3-13 分别概括了 1%分位数临界值下

CRASHFRQ指标的分年度与分行业描述性统计，个股暴跌实际发生平均频率约为1.05%，也高于理论值1%。综上可以看出，不论取哪个分位数临界值，个股暴跌实际发生的平均频率均高于正态分布预测值，公司特定收益率呈现较为明显的左偏特性。

在0.1%、0.5%和1%分位数临界值下，个股暴跌实际发生的最高频率分别为5.88%、6.25%和7.89%，相当于一年中尾部极端值出现的次数最多为2~4次，差别不大。

表4-3-8 CRASHFRQ的描述性统计——0.1%分位数

年份	N	mean	sd	p25	p50	p75	min	max
2001	1031	0.0035	0.0080	0	0	0	0	0.0444
2002	1056	0.0045	0.0087	0	0	0	0	0.0400
2003	1084	0.0041	0.0085	0	0	0	0	0.0588
2004	1146	0.0041	0.0084	0	0	0	0	0.0392
2005	1224	0.0037	0.0081	0	0	0	0	0.0408
2006	1176	0.0008	0.0041	0	0	0	0	0.0323
2007	1239	0.0009	0.0042	0	0	0	0	0.0263
2008	1369	0.0020	0.0063	0	0	0	0	0.0426
2009	1411	0.0004	0.0029	0	0	0	0	0.0227
2010	1542	0.0036	0.0079	0	0	0	0	0.0417
2011	1741	0.0020	0.0062	0	0	0	0	0.0392
2012	1915	0.0025	0.0068	0	0	0	0	0.0444
2013	1999	0.0018	0.0057	0	0	0	0	0.0385
2014	2008	0.0017	0.0056	0	0	0	0	0.0465
2015	2000	0.0021	0.0067	0	0	0	0	0.0408
2016	2102	0.0015	0.0056	0	0	0	0	0.0455
2017	2329	0.0030	0.0076	0	0	0	0	0.0408
2018	2548	0.0035	0.0081	0	0	0	0	0.0408
2019	2613	0.0026	0.0067	0	0	0	0	0.0400
2020	2598	0.0025	0.0067	0	0	0	0	0.0392
总计	34131	0.0025	0.0068	0	0	0	0	0.0588

表 4-3-9 *CRASHFRQ* 的描述性统计——0.1%分位数

行业	N	mean	sd	p25	p50	p75	min	max
A	593	0.0024	0.0067	0	0	0	0	0.0392
B	862	0.0017	0.0059	0	0	0	0	0.0400
C	21283	0.0025	0.0069	0	0	0	0	0.0588
D	1413	0.0024	0.0066	0	0	0	0	0.0385
E	929	0.0022	0.0064	0	0	0	0	0.0392
F	2265	0.0029	0.0073	0	0	0	0	0.0400
G	1362	0.0025	0.0067	0	0	0	0	0.0333
H	154	0.0025	0.0072	0	0	0	0	0.0400
I	1287	0.0024	0.0068	0	0	0	0	0.0400
K	1859	0.0022	0.0064	0	0	0	0	0.0392
L	419	0.0031	0.0076	0	0	0	0	0.0392
M	158	0.0033	0.0078	0	0	0	0	0.0385
N	349	0.0025	0.0067	0	0	0	0	0.0333
O	65	0.0028	0.0070	0	0	0	0	0.0233
P	24	0.0042	0.0084	0	0	0	0	0.0233
Q	38	0.0021	0.0062	0	0	0	0	0.0208
R	311	0.0026	0.0070	0	0	0	0	0.0323
S	760	0.0025	0.0070	0	0	0	0	0.0408
总计	34131	0.0025	0.0068	0	0	0	0	0.0588

表 4-3-10 *CRASHFRQ* 的描述性统计——0.5%分位数

年份	N	mean	sd	p25	p50	p75	min	max
2001	1031	0.0074	0.0105	0	0	0.0200	0	0.0444
2002	1056	0.0099	0.0119	0	0	0.0200	0	0.0600
2003	1084	0.0100	0.0123	0	0	0.0196	0	0.0588
2004	1146	0.0096	0.0120	0	0	0.0196	0	0.0588
2005	1224	0.0086	0.0112	0	0	0.0204	0	0.0455
2006	1176	0.0029	0.0076	0	0	0	0	0.0444

续表

年份	N	mean	sd	p25	p50	p75	min	max
2007	1239	0.0042	0.0085	0	0	0	0	0.0465
2008	1369	0.0057	0.0097	0	0	0.0192	0	0.0556
2009	1411	0.0025	0.0067	0	0	0	0	0.0392
2010	1542	0.0088	0.0114	0	0	0.0196	0	0.0488
2011	1741	0.0058	0.0099	0	0	0.0196	0	0.0455
2012	1915	0.0063	0.0102	0	0	0.0196	0	0.0465
2013	1999	0.0052	0.0090	0	0	0.0192	0	0.0426
2014	2008	0.0057	0.0099	0	0	0.0189	0	0.0526
2015	2000	0.0057	0.0104	0	0	0	0	0.0625
2016	2102	0.0051	0.0095	0	0	0	0	0.0526
2017	2329	0.0074	0.0111	0	0	0.0196	0	0.0588
2018	2548	0.0079	0.0114	0	0	0.0196	0	0.0588
2019	2613	0.0069	0.0102	0	0	0.0192	0	0.0577
2020	2598	0.0067	0.0103	0	0	0.0192	0	0.0577
总计	34131	0.0065	0.0104	0	0	0.0192	0	0.0625

表 4-3-11 CRASHFRQ 的描述性统计——0.5%分位数

行业	N	mean	sd	p25	p50	p75	min	max
A	593	0.0063	0.0102	0	0	0.0192	0	0.0455
B	862	0.0053	0.0096	0	0	0	0	0.0444
C	21283	0.0065	0.0105	0	0	0.0192	0	0.0600
D	1413	0.0067	0.0105	0	0	0.0192	0	0.0465
E	929	0.0062	0.0104	0	0	0.0192	0	0.0455
F	2265	0.0069	0.0103	0	0	0.0192	0	0.0541
G	1362	0.0063	0.0100	0	0	0.0192	0	0.0408
H	154	0.0080	0.0110	0	0	0.0196	0	0.0400
I	1287	0.0066	0.0104	0	0	0.0192	0	0.0588
K	1859	0.0062	0.0102	0	0	0.0192	0	0.0625

续表

行业	N	mean	sd	p25	p50	p75	min	max
L	419	0.0070	0.0102	0	0	0.0192	0	0.0392
M	158	0.0079	0.0114	0	0	0.0192	0	0.0400
N	349	0.0065	0.0100	0	0	0.0192	0	0.0392
O	65	0.0058	0.0098	0	0	0.0192	0	0.0400
P	24	0.0090	0.0101	0	0	0.0192	0	0.0233
Q	38	0.0068	0.0116	0	0	0.0192	0	0.0417
R	311	0.0073	0.0110	0	0	0.0192	0	0.0400
S	760	0.0070	0.0108	0	0	0.0196	0	0.0526
总计	34131	0.0065	0.0104	0	0	0.0192	0	0.0625

表 4-3-12 *CRASHFRQ* 的描述性统计——1%分位数

年份	N	mean	sd	p25	p50	p75	min	max
2001	1031	0.0112	0.0126	0	0	0.0200	0	0.0612
2002	1056	0.0145	0.0139	0	0.0200	0.0200	0	0.0600
2003	1084	0.0155	0.0147	0	0.0196	0.0196	0	0.0588
2004	1146	0.0146	0.0144	0	0.0196	0.0196	0	0.0667
2005	1224	0.0130	0.0133	0	0.0204	0.0204	0	0.0612
2006	1176	0.0062	0.0110	0	0	0.0204	0	0.0476
2007	1239	0.0079	0.0113	0	0	0.0200	0	0.0500
2008	1369	0.0095	0.0119	0	0	0.0192	0	0.0577
2009	1411	0.0050	0.0092	0	0	0	0	0.0417
2010	1542	0.0132	0.0135	0	0.0196	0.0196	0	0.0638
2011	1741	0.0098	0.0121	0	0	0.0196	0	0.0588
2012	1915	0.0098	0.0120	0	0	0.0196	0	0.0600
2013	1999	0.0087	0.0113	0	0	0.0192	0	0.0577
2014	2008	0.0102	0.0124	0	0	0.0189	0	0.0612
2015	2000	0.0097	0.0127	0	0	0.0192	0	0.0625
2016	2102	0.0090	0.0120	0	0	0.0200	0	0.0645

续表

年份	N	mean	sd	p25	p50	p75	min	max
2017	2329	0.0117	0.0133	0	0	0.0196	0	0.0789
2018	2548	0.0122	0.0133	0	0.0196	0.0196	0	0.0667
2019	2613	0.0104	0.0117	0	0	0.0192	0	0.0577
2020	2598	0.0100	0.0119	0	0	0.0192	0	0.0588
总计	34131	0.0105	0.0126	0	0	0.0196	0	0.0789

表 4-3-13 *CRASHFRQ* 的描述性统计——1%分位数

行业	N	mean	sd	p25	p50	p75	min	max
A	593	0.0102	0.0126	0	0	0.0196	0	0.0588
B	862	0.0093	0.0123	0	0	0.0196	0	0.0588
C	21283	0.0105	0.0127	0	0	0.0196	0	0.0789
D	1413	0.0108	0.0127	0	0	0.0196	0	0.0600
E	929	0.0101	0.0126	0	0	0.0196	0	0.0600
F	2265	0.0108	0.0124	0	0	0.0196	0	0.0588
G	1362	0.0101	0.0122	0	0	0.0196	0	0.0612
H	154	0.0120	0.0133	0	0.0094	0.0196	0	0.0417
I	1287	0.0106	0.0128	0	0	0.0196	0	0.0667
K	1859	0.0098	0.0122	0	0	0.0196	0	0.0645
L	419	0.0114	0.0126	0	0	0.0196	0	0.0645
M	158	0.0121	0.0140	0	0	0.0196	0	0.0488
N	349	0.0102	0.0128	0	0	0.0196	0	0.0600
O	65	0.0096	0.0113	0	0	0.0196	0	0.0400
P	24	0.0123	0.0114	0	0.0192	0.0194	0	0.0392
Q	38	0.0108	0.0142	0	0	0.0196	0	0.0577
R	311	0.0116	0.0136	0	0	0.0196	0	0.0600
S	760	0.0107	0.0127	0	0	0.0200	0	0.0600
总计	34131	0.0105	0.0126	0	0	0.0196	0	0.0789

第四节 中美股价暴跌风险比较分析

为了进一步发现中国情境下我国 A 股市场股价暴跌风险的特点，我们将中国股票市场暴跌风险与美国市场暴跌风险进行了对比分析，采用了 Kim 等（2011b）计算得出的 1995—2008 年间美国股票市场的股价崩溃比例数据，与我国数据进行了对比分析，结果如表 4-4-1 所示。

表 4-4-1 中国股价暴跌风险比较

国家	计算区间	mean	sd	p50	min	max
美国	1995—2008	16.51	4.14	15.65	12.20	27.20
中国	2001—2020	11.65	4.89	9.62	2.04	24.61

从表 4-4-1 可以看出，美国股票市场股票暴跌风险的均值为 16.51%，高于中国股票市场，美国 2008 年的暴跌比例最高，达到 27.20%，1996 年的暴跌比例最低，为 12.20%。总体而言，与中国股票市场比较，美国股票市场具有更高的公司股价暴跌风险，但两个市场的暴跌标准差相差无几。理论上，美国的股票市场制度建设更成熟，信息披露制度更完善，投资者保护机制更完备，上市公司应该更难隐藏"负面消息"，公司股价暴跌风险应该更低，但现实的统计结果与理论相悖。可能的解释是：第一，中国股票市场受涨跌停板限制；第二，由于美国的资本市场比较成熟，市场参与者（机构投资者、证券分析师、个体投资者等）均对上市公司业绩存在合理预期，而且存在异质信念。当公司释放出"负面消息"时，各级投资者能及时做出反应，导致公司股价暴跌，而中国股票市场则与之相反，多数个体投资者是盲目跟风或赌博投机，缺乏对公司基本面信息的判断能力，投资者因为缺少合理参考值而对公司释放的坏消息并不敏感，因而公司股价暴跌现象反而整体偏低。

第五节 崩盘风险度量指标的相关性

表 4-5-1 至表 4-5-3 概括了本章所计算的 4 个崩盘风险度量指标之间的

Pearson 相关系数。其中，CRASH 和 CRASHFRQ 分别取 0.1%、0.5% 和 1% 分位数临界值下的计算结果进行相关性分析（NCSKEW、DUVOL 均采用综合市场流通市值平均法）。

表 4-5-1　股价暴跌风险度量指标的相关性——0.1%分位数

	NCSKEW	DUVOL	CRASH	CRASHFRQ
NCSKEW	1			
DUVOL	0.880***	1		
CRASH	0.508***	0.418***	1	
CRASHFRQ	0.519***	0.431***	0.984***	1

表 4-5-2　股价暴跌风险度量指标的相关性——0.5%分位数

	NCSKEW	DUVOL	CRASH	CRASHFRQ
NCSKEW	1			
DUVOL	0.880***	1		
CRASH	0.531***	0.473***	1	
CRASHFRQ	0.554***	0.501***	0.955***	1

表 4-5-3　股价暴跌风险度量指标的相关性——1%分位数

	NCSKEW	DUVOL	CRASH	CRASHFRQ
NCSKEW	1			
DUVOL	0.880***	1		
CRASH	0.520***	0.481***	1	
CRASHFRQ	0.554***	0.527***	0.912***	1

4 个指标互相之间呈现显著的正相关，表明它们对个股崩盘风险的度量有相通之处。NCSKEW 和 DUVOL 之间的相关系数高达 0.880，非常显著，可见二者对个股崩盘风险的刻画在本质上颇为类似。

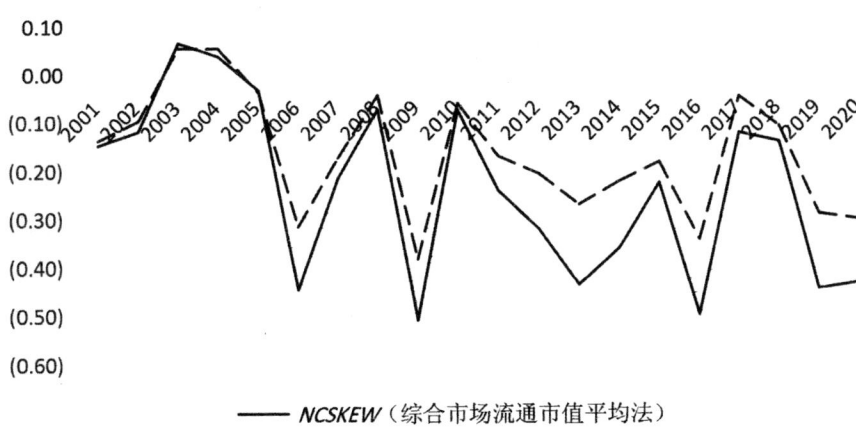

图 4-5-1　中国股票市场公司股价暴跌风险均值的年度变化图

0.1%、0.5%和1%分位数下，CRASH 和 CRASHFRQ 之间的相关系数分别是 0.984、0.955 和 0.912。正如前面对 CRASH 和 CRASHFRQ 指标结果的统计，这二者的高度相关性是可以预见的。

NCSKEW（或 DUVOL）与 CRASH（或 CRASHFRQ）之间的相关系数 0.5 左右，可见这两类指标对个股崩盘风险特性的刻画并不完全一致。通过前面的分析可知，NCSKEW 和 DUVOL 更偏重于刻画公司特定收益率分布的负偏性，CRASH 和 CRASHFRQ 更偏重于公司将定收益率尾部分布的分位数或者尾部频率。基于此，本书后续的股价暴跌风险计量，均采用 NCSKEW 和 DUVOL 作为个股股价暴跌风险的指标变量。

第六节　本章小结

本章回顾了现有的公司股价暴跌风险度量模型，基于这些模型，运用中国股票市场 2000—2020 年的数据，区分个股和行业，总控性描述出中国公司股价暴跌风险的全貌和整体特征。中国市场数据与美国的市场数据进行了局部性对比，得出了我国股票市场股价崩盘现象具有中国情境的特质。

第五章

投资者情绪与公司股价暴跌风险

第一节 本章引言

我国股市普遍存在错误定价、过度波动、波动集聚等异常现象,为了防止投资者在短时间内过度追涨杀跌,中国证券监督管理委员会推行了诸如涨跌停制度、熔断制度、限制融券等一系列政策措施。这些异常现象的出现与我国投资者的构成有很大的关系。截至2020年年末,我国股票市场投资者人数为1.78亿人,其中,自然人投资者为1.77亿人,显然,散户是我国股票市场投资者的主力军。深交所发布的投资者结构统计数据指出,目前我国股票市场,个体投资者占比超过七成,证券账户资产量低于50万元的投资者(中小投资者)占比75.1%,这与美国股票市场以机构投资者为主的结构模式迥异。事实上,散户交易者活跃度极高,相比机构投资者,他们持有股票的市值在总体市值中占比较小,但股票价格是交易定价,个体投资者会对股票价格产生很大的影响。个体投资者由于信息来源有限,他们往往使用积累的经验进行交易,其中,投资者情绪就是典型的非理性反应。投资者情绪带来的不仅仅是追涨杀跌的正反馈交易,还引致了公司乃至整个股票市场的暴涨暴跌,甚至引发系统性金融风险。因此,研究投资者情绪的特征及其影响,尤其是个体投资者情绪,有助于理解股票市场发生暴涨暴跌现象的原因,以及这种现象背后所蕴藏的更深层次的内容。中国股票市场是以"散户交易驱动"的,研究个股投资者情绪对推动我国股市良好健康发展具有极强的现实意义。

第二节 研究背景与研究假设

　　投资者情绪究竟是否会影响资产定价？传统金融理论肯定了市场的有效性，认为投资者情绪不会对资产定价产生影响，然而，行为金融学的研究成果无法支撑传统金融理论的结论，大量研究表明投资者情绪会对资产定价产生影响。众多学者在观察到市场中存在错误定价、过度波动、波动集聚等异常现象后，开始基于行为金融学开展投资者情绪与资产定价的关系研究。市场若是有效的，则必然满足以下三个假定：第一，投资者是有限理性的，即投资者普遍具有投资者情绪这一非理性特征；第二，特别情境中的投资者情绪会破坏交易的随机性特征，取而代之的是交易的群体倾向性和持续性特点；第三，由投资者情绪驱动的交易会产生噪声交易风险，这一风险过高将不利于理性交易者套利活动正常开展。如果投资者情绪会对资产定价产生影响，以上三个假设就将会被颠覆。

　　Black（1986）发表的关于金融市场噪声的论文是投资者情绪与资产定价关系研究的起点。这篇框架性的文章指出，金融市场中普遍存在噪声，这部分噪声与资产基础价值无关，投资者具有非理性特征，他们往往会利用这部分无关噪声进行判断，因为他们无法理性地将那些有价值的信息提取出来加以利用，从而极有可能做出错误决策，他们也因此被称之为噪声交易者。一方面，噪声交易者的情绪是不能够被提前预测到并加以控制的，这将会诱导投资者做出非理性决策，甚至招致无法预计的风险。另一方面，由于存在噪声交易风险，理性套利者可能会因风险过高而放弃交易，这在一定程度上抑制了套利活动有效进行。De Long、Shleifer、Summers 和 Waldmann（DSSW，1990）将噪声交易者对金融资产定价的影响理论化，建立了著名的噪声交易模型。他们的模型表明，噪声交易者可以在市场上生存且其预期收益在很大程度上会是正的，并且有可能高于理性套利者。噪声交易模型可以帮助我们从理论的角度理解投资者情绪是如何对资产定价产生影响的。该模型尽管没有完全将噪声交易者和情绪交易者等同起来，但后来的学者都将模型当中的噪声交易者视为一种典型的情绪投资者，投资者在对风险资产进行评估时很可能会偏离其实际值，而这种偏离程度就恰巧可以衡量投资者情绪。噪声交易模型为学者们后续广泛深入地研究投资者情绪提供了便利，它是研究投资者情绪与资产定价关系的基石。噪声交易模型表明噪声交易者的情绪会影响金融资产价格，这将可能导致资产价格长期偏离基本价值面。简单来说，由于噪声交易者的非理性特征，他们在自身情绪的影响下会产生非理性行为，而这种非理性行为会带来噪声交易风险，噪声交易风险又会阻碍理性套利者套利活动正常进行，最终会导致股票价格偏离其基本价值，也就是说，噪声交易者的情绪有可能导致股票价格与其基础价值之间产生偏差。在噪声交易模型问世后，人们开始关注投资者情绪对资产定价的影响，基于这种影响，学者们逐渐建立起新的行为资产定价模型和理论，例如，Barberis、Shleifer 和 Vishny（1997），Gottesman、Jacoby 和 Wang（2012）等。丁志国和苏治（2005）的市场情绪指数假说指出，在均值意义下，投资者依据市场情绪指数判断公司内在价值，证券价格正是对这一估值的反应，同时给出了投资者情绪、公司内在价值估计与证券价格波动的传导机理。Ho Chien-Wei 等（2009，2012）指出，投资者情绪在资产定价过程中充当了条件信息因子和风险因子。在后来的研究中，他们发现投资者情绪在作为条件信息因子和风险因子而存在时，确实会对资产定价产生重大的影响。

有关投资者情绪与资产定价的相关研究逐渐丰富，其理论体系不断完善，但投资者情绪究竟是如何影响资产定价的，理论界对此问题的认识还不够深刻和全面。现有文献研究了投资者情绪对预期收益的影响，实证结果表明投资者情绪与股票当前收益呈正相关，而与未来收益呈负相关，此外，还有学者实证研究了投资者情绪与收益波动的关系。

投资者情绪与股票波动之间的关系，目前的研究主要集中于对股市过度波动的解释方面，本书所研究的股价暴跌风险正是过度波动的一种极端表现。大量研究表明投资者情绪会推动股票价格进行波动，但对股市过度波动的解释能力有限。例如，Brauer（1993）发现噪声交易对基金收益波动只有7%左右的解释能力。美国个体投资者协会指数也可以用来衡量投资者情绪，Brown（1999）就采用了这一指标，研究显示投资者情绪的非正常起伏会对封闭式基金收益产生显著影响。许承明和宋海林（2005）在采用封闭式基金折价率作为投资者情绪的代理指标时，同样发现情绪风险对价格报酬过度波动具有显著的解释能力。林树和俞乔（2010）试图通过心理学实验来揭示投资者情绪对资产价格波动的作用机制，研究发现在资产价格临近顶部时，情绪波动和资产价格交互影响并形成一个反馈环，市场泡沫和市场崩溃就可能在这种情况下产生。

基于现有的研究市场投资者情绪与金融资产价格的研究成果，结合第三章第二节的影响机理假设，本章将试图构建个股层面的投资者情绪复合指数，采用中国证券市场的 A 股上市公司数据，来考察和检验个股的投资者情绪对上市公司股价暴跌风险影响的存在性，试图证明当管理者是"完全理性人"时，投资者情绪是其公司股价未来发生暴跌的主要原因。

第三节　研究设计与样本数据

一、个股投资者情绪指数的构建

（一）投资者情绪的度量方法

我们想要开展投资者情绪与资产价格行为关系的研究，首要工作就是准确度量投资者情绪，用真实的数据来展示看不见的投资者情绪波动，这是我们进行后续工作的重点。*Journal of Financial Economics*（JFE）在 2012 年刊发了关于投资者情绪的专题论文集，这表明投资者情绪在金融学领域一直热度不减。该论文集涵盖了噪声交易、个体认知复杂性、群体情绪传染机制等诸多方面，既有实证研究，又不乏理论建模，广泛深入地研究了投资者情绪的相关问题。由此可见，关于投资者情绪的研究日益增多，论题也日趋宽泛，但尚未形成统一的框架。事实上，投资者情绪在行为金融学领域极具分量，对金融市场运行的各个过程都有影响，因此对投资者情绪的准确度量意义重大。

投资者情绪有多种多样的度量方法，产生不同实证结论的原因之一就在于学者们在进行研究时选择的情绪指标不一致，因此，我们要将研究的重点放在情绪指标的选取问题上，构建合理有效的投资者情绪指标能够使我们的研究结论更加稳健。投资者情绪指标大致可以分为三大类：第一类是显性情绪指标，它反映了投资者对市场的预期，这类指标可以通过多方面的调查得到；第二类是隐性情绪指标，该指标可以通过统计并加工处理金融市场数据得到，在选取情绪代理变量时，必须选取那些和投资者情绪高度相关的，也就是投资者情绪会推动该变量发生变化；第三类是情绪代理指标，这是一个非经济变量，例如天气因素等，这类指标会对投资者的预期判断产生影响。除上述三类情绪指标之外，还有其他衡量投资者情绪的指标，例如，由某些理论和模型衍生出来的指标以及由上述某几类指标经过一系列的合成而得到的复合情绪指标等，这些指标并不能被归类于上述三种指标当中。

(1) 单一情绪指标

众多学者在研究投资者情绪时大多使用的是显性投资者情绪。Solt 和 Statanan（1988）把投资者情绪分为看涨情绪和看跌情绪，即 Bearish Sentiment Index（BSI）。美国个体投资者协会调查其会员对未来六个月的股市预测，通过看涨、看跌或看平的比例来显示投资者情绪，即美国个体投资者协会指数。Brown 和 Cliff（2005）构造情绪指标的方法是求得看涨看跌人数百分比的差。除此之外，友好指数的应用范围也很广泛，全国各大报刊、投资机构以及基金公司对股票买卖都会提出自己的看法，有机构对这些建议按周加以收集，并对其进行打分，分数范围从正 3 到负 3 不等，以分数的高低来衡量投资者的乐观程度和悲观程度，最后对其加权平均，得到投资者情绪指数。

"央视看盘""三大报"、好淡指数、华鼎多空民意调查数据、巨潮投资者信心指数等这些都是国内学者早期研究中常用的显性投资者情绪指标，其中"央视看盘"数据的应用范围最广。"央视看盘"与友好指数大同小异，都是通过调查专业人士对后市的乐观程度而形成的。饶育蕾和刘达锋（2003）研究投资者情绪与股票市场未来收益之间的关系时就采用了这类指标。刘超和韩泽县（2006）研究投资者情绪和上证综指之间的相关关系时采用了"央视看盘"数据作为投资者情绪的代理指标。张强等（2007）在构建机构投资者和个人投资者的周看涨指数时使用的也是央视网站上的数据，并采用这一指数来衡量投资者情绪。与美国个体投资者协会指数类似，一些研究机构（例如"三大报"等）关于股票买卖的建议，也可以作为投资者情绪的代理指标，经由看涨、看平、看跌三类数据之间的关系得到，好淡指数、华鼎多空民意调查数据等与之类似。总体来说，国内在构建这类指标时，大都借鉴了国外有关显性情绪指标的构建方法。

通过调查可以得到显性投资者情绪指标，但是这类指标存在一系列的问题，例如，调查方式存在差别、数据获取困难以及数据样本量不够等，这时，隐性投资者情绪应用范围开始扩大。投资者在对市场进行预期和估价时，隐性投资者情绪会对这一过程产生影响，且这种影响是间接的，衡量隐性投资者情绪指标的特征在世界各国又是基本一致的，因此国内外学者所采用的隐性投资者情绪指标并无太大差异。隐性投资者情绪主要有市场流动性、封闭式基金折价率、IPO 数量及其首日收益、新开户数、共同基金流动等。另外，与显性投资者情绪指标的构建方式类似，有学者使用的是由市场数据重新构建得到的情绪指标，例如，卖出买入比例、上涨下跌股票比例等。以较为常见的隐性情绪指标封闭式基金折价率为例，自从 Lee、Shleifer 和 Thaler（1990）对其经典研究开始，众多学者对这一问题进行热烈讨论，Chopra 等（1993）、Swaminathan（1996）、Neal 和 Wheatley（1998）对此表示肯定，而 Chen、Kan 和 Miller（1993）、Elton 等（1998）对此提出疑问，国内有关中国市场上投资者情绪与封闭式基金折价之间的关系的研究也逐渐丰富起来，但观点不一。张俊喜和张华（2002）、黄少安和刘达（2005）等认为封闭式基金折价率可以作为中国投资者情绪的代理变量，但邹亚生和粟坤全（2010）、杨元泽（2010）等认为中国市场上的封闭式基金折价和投资者情绪理论并不是完全一致的，或者认为在不同时期代表的是不同投资者的情绪。显性情绪指标的数据尽管较易获取，但众多学者对其代理投资者情绪的有效性提出了怀疑。

一些学者认为，还有其他一些和情绪相关联的非经济变量也可以用来衡量投资者情绪，例如，天气变量等，但是在金融市场的相关研究中，很少会用到这类情绪指标，此处不再进一步做解释说明。

（2）复合情绪指标

上述指标的衡量方法过于单薄，没有考虑到其他许多因素的影响，因此将其作为投资者情绪的代理变量缺乏稳健性。根据投资者情绪假说，这些代理指标中具有共性成分，即共同由投资者情绪所影响的部分，将这部分共性成分提取出来即可作为投资者情绪。Baker 和 Wurgler（2006）在这些方面的成就最为突出，他们采用主成分分析法对六个原始投资者情绪指标进行分析，提取出来的第一主成分即为投资者情绪的代理变量。主成分分析方法能够将原始投资者情绪指标当中的特质噪声部分筛除出去，保留下来的共同成分即是投资者情绪。在构建投资者情绪复合指标时，大多数学者采用的都是 Baker 和 Wurgler（2006）的方法。例如，Yu 和 Yuan（2011）、Rephael、Kandel 和 Wohl（2012）等，国内学者，如黄德龙、文凤华和杨晓光（2009），蒋玉梅和王明照（2010），宋泽芳和李元（2012）等也采用了这一方法。不同之处在于，国内学者选取的原始情绪指标略微有差异，这可能是数据的可获取性等原因所造成的。

主成分分析方法可以构造投资者情绪，状态空间模型——卡尔曼滤波方法也可以提取原始情绪指标当中的共同成分。Brown 和 Cliff（2005）证明了使用主成分方法和卡尔曼滤波方法提取出来的共同成分具有一致性。池丽旭等（2012）在构建投资者情绪指标时，采用的也是扩展卡尔曼滤波方法，结论一致。将卡尔曼滤波方法和主成分分析方法对比可以发现，主成分分析法是将原始情绪分解为几个共同因子的线性组合，而卡尔曼滤波方法则只提取原始情绪指标中的共同成分，将其他非共同部分当作随机因素处理。在采用主成分分析法的文献中，有学者只采用第一主成分，也有学者采用前两个或前三个作为投资者情绪代理指标，但我们无法确定究竟哪一做法更为合理，抑或是需依据实际情况而定也未可知。卡尔曼滤波方法虽然具有一定的优越性，但其也存在一定缺陷，限制其广泛应用的最大问题就在于其模型估计太过复杂。

（二）个股投资者情绪复合指数构建

不论是主观指标还是客观指标都只能反映投资者情绪的单一方面，复合指标却能涵盖投资者情绪的多个方面。本书借鉴刘志远和靳光辉（2013）的做法，采用类似于托宾Q分解的方法，首先总结出能够反映公司层面投资者情绪的单个指标，即股票动量、托宾Q、账面市值比、换手率，用这四个指标与反映公司未来的增长前景、风险以及信息不对称的基本面因素进行回归（公司基本面因素包含营业收入增长率、净资产收益率、股票回报率、资产负债率、公司规模、股利支付率、营运资本以及经营活动现金流），来消除公司基本面的影响。本书将回归残差作为单个情绪替代指标，然后再使用 Baker 和 Wurgler（2006）的做法，将单个情绪替代指标采用主成分分析的方法构建公司层面的情绪复合指标。

主成分分析是数学上对数据降维的一种方法，其基本思想是设法将原来众多的具有一定相关性的指标 X_1，$X_2 \cdots \cdots X_P$（比如 p 个指标），重新组合成一组较少个数的互不相关的综合指标 Fm 来代替原指标。那么又将如何提取综合指标，使其既能最大限度地反映原变量 Xp 所代表的信息，又能保证新指标之间保持相互无关（信息不重叠）。

设 F_1 表示原变量的第一个线性组合所形成的主成分指标，即由数学知识可知，每一个主成分的方差可以度量其所提取的信息量，其方差 $Var(F_1)$ 越大，表示 F_1 包含的信息越多。我们常常希望第一主成分 F_1 所含的信息量最大，因此在所有线性组合中选取的 F_1 应该是 X_1，$X_2 \cdots \cdots X_P$ 的所有线性组合中方差最大的，故称 F_1 为第一主成分。如果第一主成分不能够代表原来 p 个指标的信息，我们则考虑选取第二个主成分指标 F_2，为有效地反映原有信息，F_1 已有的信息是不需要再出现在 F_2 中的，即 F_2 与 F_1 要保持独立、不相关，用数学语言表达就是其协方差 $Cov(F_1, F_2) = 0$，所以 F_2 是与 F_1 不相关的 X_1，$X_2 \cdots \cdots X_P$ 的所有线性组合中方差最大的，故称 F_2 为第二主成分，依此类推构造出的 F_1、$F_2 \cdots \cdots Fm$ 为原变量指标 X_1、$X_2 \cdots \cdots X_P$ 的第一、第二、$\cdots \cdots$ 第 m 个主成分。根据以上分析得知：

（1）F_i与F_j互不相关，即$Cov(F_i, F_j) = 0$，并有$Var(F_i) = a_i'\Sigma a_i$，其中$\Sigma$为$X$的协方差阵。

（2）F_1是X_1，X_2……X_p一切线性组合（系数满足上述要求）中方差最大的，即F_m是与F_1，F_2……F_{m-1}都不相关的X_1，X_2……X_p所有线性组合中方差最大者。

F_1，F_2……F_m（$m \leq p$）为构造的新变量指标，即原变量指标的第一、第二、……第m个主成分。

由以上分析可见，主成分分析法的主要任务有两点：

（1）确定各主成分F_i（$i=1, 2, \cdots, m$）关于原变量X_j（$j=1, 2, \cdots, p$）的表达式，即系数（$i=1, 2$……m；$j=1, 2$……p）。从数学上可以证明，原变量协方差矩阵的特征根是主成分的方差，所以前m个较大特征根就代表前m个较大的主成分方差值；原变量协方差矩阵前m个较大的特征值（这样选取才能保证主成分的方差依次最大）所对应的特征向量就是相应主成分F_i表达式的系数，为了加以限制，系数启用的是对应的单位化的特征向量。

（2）计算主成分载荷，主成分载荷是反映主成分F_i与原变量X_j之间的相互关联程度的：

$$P(Z_k, x_i) = \sqrt{\lambda} a_{ki} \quad (i=1, 2\cdots p; k=1, 2\cdots m) \tag{5-1}$$

主成分分析的具体步骤如下：

（1）计算协方差矩阵

计算样品数据的协方差矩阵：$\Sigma = (s_{ij})$，其中

$$s_{ij} = \frac{1}{n-1} \sum_{k=1}^{n} (x_{ki} - \bar{x}_i)(x_{kj} - \bar{x}_j) \tag{5-2}$$

（2）求出Σ的特征值λ_i及相应的正交化单位特征向量$a_i\Sigma$的前m个较大的特征值$\lambda_1, \lambda_2 \cdots \lambda_m$（$m>0$），就是前$m$个主成分对应的方差，$\lambda_i$对应的单位特征向量$a_i$就是主成分$F_i$关于原变量的系数，则原变量的第$i$个主成分$F_i$为：

$$F_i = a_i' X \tag{5-3}$$

主成分的方差（信息）贡献率用来反映信息量的大小，α_i为：

$$a_i = \lambda / \sum_{i=1}^{m} \lambda_i \tag{5-4}$$

（3）选择主成分

最终要选择几个主成分，即F_1，F_2……Fm中m的确定是通过方差（信息）累计贡献率$G(m)$来确定。当累积贡献率大于80%时，就认为能足够反映原来

变量的信息了，对应的 m 就是抽取的前 m 个主成分。

$$G(m) = \sum_{i=1}^{m} \lambda_i \Big/ \sum_{k=1}^{p} \lambda_k \tag{5-5}$$

（4）计算主成分载荷

主成分载荷是反映主成分 F_i 与原变量 X_j 之间的相互关联程度的，原来变量 X_j（$j=1, 2\cdots\cdots p$）在主成分 F_i（$i=1, 2\cdots\cdots m$）上的荷载 l_{ij}（$i=1, 2\cdots\cdots m$; $j=1, 2\cdots\cdots p$）。

$$l(Z_i, X_j) = \sqrt{\lambda_i} a_{ij} (i = 1, 2\cdots\cdots m; j = 1, 2\cdots\cdots p) \tag{5-6}$$

（5）计算主成分得分

计算样品在 m 个主成分上的得分：

$$F_i = a_{1i}X_1 + a_{2i}X_2 + \ldots + a_{pi}X_p \ (i = 1, 2\cdots\cdots p) \tag{5-7}$$

实际应用时，指标的量纲往往不同，所以在主成分计算之前应先消除量纲的影响。消除数据的量纲有很多方法，常用方法是将原始数据标准化，即做如下数据变换：

$$x_{ij}^* = \frac{x_{ij} - \bar{x}_j}{s_j} \quad i = 1, 2\cdots\cdots n; j = 1, 2\cdots\cdots p \tag{5-8}$$

其中：

$$\bar{x}_j = \frac{1}{n} \sum_{i=1}^{n} x_{ij}$$

$$s_j^2 = \frac{1}{n-1} \sum_{i=1}^{n} (x_{ij} - \bar{x}_j)^2$$

最终，取累计贡献率为 83% 的前三个主成分因子加权平均，得出复合投资者情绪指标 SENT（公式5-9）。

$$Sent\_IN = -0.3293 BM_{i,t} + 0.3631 MOM_{i,t} + 0.06176 TOBINQ_{i,t} + 0.3126 TURNOVER_{i,t} \tag{5-9}$$

其中，BM、MOM、TOBINQ、TURNOVER 分别代表账面市值比、股票动量、托宾Q、换手率。分析该综合指数模型，当账面市值比很高时，反映的投资者情绪相对很低，因此符号为负；用动量指标来衡量投资者情绪（吴世农和汪强，2009），当累计月度股票收益增加时，投资者情绪随之高涨，因此符号为正；托宾Q值越高时，说明投资者对该公司认可度越高，因此符号为正；换手率越高时，说明投资者积极、热情地去投入交易，投资者情绪高涨，因此符号为正。各变量符号符合预期。

二、研究模型设计

根据前述的理论分析与研究假设，在投资者情绪与上市公司股价暴跌风险的关系中，投资者情绪是自变量，上市公司股价暴跌风险是因变量。本书研究的是投资者情绪对后期股票暴跌风险的影响，因此，投资者情绪指标和所有控制变量均滞后一期，构造如下回归模型（5-10），检验假设1。为了克服样本数据中可能存在的异方差及截面等问题，经过Haunsman检验程序，本研究最终采用稳健的固定效应面板模型进行实证检验。

$$Crash\_risk = \alpha_0 + \alpha_i * Sent\_IN + \sum Control + \varepsilon_i \qquad (5\text{-}10)$$

其中，$Crash\_risk$表示个股暴跌风险，α_0为截距，α_i为系数，ε_i为残差。

三、其他变量设计

（一）公司股价暴跌风险衡量指标的构建

Chen等（2001）对个股层面的公司股价暴跌风险的研究较早，将公司股价暴跌风险定义为股票收益率的条件偏态分布程度，并给出了相应的度量方法，但未能解释股价暴跌风险是如何形成的。Jin和Myers（2006）从公司内部环境出发，基于委托代理理论，概括了个股股价暴跌风险的形成原因，形成了"信息窖藏假说"，该假说认为管理层倾向于将不利于公司未来发展的内部信息隐藏起来或推迟公开，以达到薪酬合约、职业关注、帝国构建等目的，当负面消息累积到足够多时，将快速、准确地释放到市场当中去，这将会引起个股股价的暴跌。公司金融研究中关于股价暴跌风险的研究较少关注市场层面，大都围绕个股股价暴跌风险展开，实证检验其影响因素。关于个股股价暴跌风险的度量方法，学者们基于Jin和Myers（2006）的形成机理框架，并借鉴Chen等（2001）的负收益偏态系数（NCSKEW）和上下波动比例（DUVOL）进行构建。Chen等（2001）将股价暴跌风险指标定义为负收益偏态系数（NCSKEW），该指标等于-1乘以股票日收益率的三阶矩除以股票日收益率的标准差的三次方，具体公式如下：

$$NCSKEW_{i,t} = -\left[n(n-1)^{3/2}\sum R_{i,t}^3\right] / \left[(n-1)(n-2)\left(\sum R_{i,t}^3\right)^{3/2}\right] \qquad (5\text{-}11)$$

公式（5-11）中i代表不同股票，t代表不同时间；n为一年时间里第i家公司股票的交易周数。$R_{i,t}$为个股经市场均值调整后的日收益率。该公式表明

$NCSKEW$ 越大，股价暴跌风险越高。

上述的负收益偏态系数在计算时，三次方运算可能会放大某个时段中某个股极端收益率对指标的影响，因此，Chen 等（2001）还设计了另外一个指标，即上下波动比例（$DUVOL$）。该指标是股票 i，在第 t 时间段中的样本，按照收益率是否高于均值将样本分为两部分，然后将两类样本的标准差相除并取对数，具体计算公式如下：

$$DUVOL_{i,t} = \log\left\{\left[(n_u - 1)\sum_{Down} R_{i,t}^2\right] \middle/ \left[(n_d - 1)\sum_{Up} R_{i,t}^2\right]\right\}$$

(5-12)

公式（5-12）中，n_u（n_d）为股票 i 的特定周收益率高于（低于）周期 t 中收益率均值的天数，并且上下波动比例也是一个正向指标，即 $DUVOL$ 越大，股价暴跌风险越高。

在后续的研究中，学者们逐渐开始使用个股的年度周收益率来代替个股日收益率，并且考虑市场因素对个股的影响，建立如下模型：

$$r_{i,t} = \alpha + \beta_{1,i} r_{m,t-2} + \beta_{2,i} r_{m,t-1} + \beta_{3,i} r_{m,t} + \beta_{4,i} r_{m,t+1} + \beta_{5,i} r_{m,t+2} + \varepsilon_{i,t}$$

(5-13)

其中，$r_{i,t}$ 为第 i 家公司股票第 t 期周收益率，$r_{m,t}$ 为经流通市值加权计算得到的第 t 期市场周收益率，$\varepsilon_{i,t}$ 代表着第 i 家公司股票周收益率未被市场周收益率解释的部分，如果 $\varepsilon_{i,t}$ 为负且值越小，那么第 i 家公司股票周收益率负向偏离市场周收益率的程度就越大，意味着该公司的股价暴跌风险也就越大。由模型（5-13）得出残差项 $\varepsilon_{i,t}$，并对其对数转换得出 $W_{i,t}$，定义为第 i 家公司第 t 期的周特定收益率。

$$W_{i,t} = \ln(1 + \varepsilon_{i,t})$$

(5-14)

使用公式（5-14）得出的 $W_{i,t}$ 代替公式（5-11）、（5-12）中 $R_{i,t}$ 计算出的 $NCSKEW$ 和 $DUVOL$。

(二) 模型中各变量的定义 (参照表 5-3-1)。

表 5-3-1 变量定义

变量类型	变量名称	变量代码	定义
测试变量	暴跌风险	NCSKEW	个股负收益偏态系数
		DUVOL	个股上下波动比率
	投资者情绪	Sent_IN	个股投资者情绪复合指标。股票动量、托宾Q、权益市账比、换手率，用这四个指标与反映公司的基本面因素进行回归，将回归残差作为单个情绪替代指标，将单个情绪替代指标采用主成分分析的方法构建公司层面的情绪复合指标
控制变量	上市年限	Co_age	以上市公司的上市年度衡量，并取其自然对数
	股票收益波动	SIGMA	公司第 t 年周特定收益的标准差
	投资者异质信念	DTURN	个股的年平均超额换手率，为第 t 年股票的月平均换手率与第 $t-1$ 年股票的月平均换手率的差
	平均周特定收益率	RET	股票平均周特定收益率
	上一期负收益偏态系数	NCSKEW	$t-1$ 期个股负收益偏态系数
	公司透明度	DA	以可操纵应计利润的绝对值，根据琼斯修正模型计算
	资产负债率	LEV	总负债除以总资产
	资产收益率	ROA	当年净利润除以当年总资产
控制变量	企业规模	SIZE	期末总资产自然对数
	产权性质	STATE	国有上市公司取1，反之取0
	行业虚拟变量	Ind	控制不同行业的影响因素
	年度虚拟变量	Year	控制不同时期的宏观因素

资料来源：作者整理。

四、数据来源与样本选择

本书选取了 2010 年—2020 年 A 股上市公司的样本数据，参照已有文献，对原始样本数据进行了以下处理：（1）剔除金融类上市公司；（2）剔除资产负债率大于1的公司；（3）参照 Jin 和 Myers（2006）的做法，剔除每年交易周数小于30的样本公司；（4）剔除了数据缺失的样本公司。根据上述标准，共得到9954个观测值，数据全部来自国泰安数据库。本书采用 EXCEL2010，STATA14.0进行数据分析。

第四节　实证检验与结果分析

一、描述性统计

表5-4-1是样本变量的描述性统计分析。从表中数据可知，NCSKEW 和 DUVOL 的均值分别为-0.249和-0.154，而中位数分别为-0.207和-0.159，说明超过50%的 NCSKEW 和 DUVOL 均为负数，整体数据偏左，这和 Kim 等（2011）的数据特征相近。SENT 情绪指标均值为-0.187，中位数-0.239，最大值却为2.936，最小值为-2.507，可见不同股票的投资者情绪存在差异，而且，在我国股票市场，单只股票投资者情绪经常出现极端，既可能极度"高涨"，又可能极度"低落"。

在控制变量中，SIGMA 的均值为0.045，最大值为0.178。DTURN 的均值为-19.503，且超过半数的上市公司当期月平均换手率和前一期的差额为负，意味着单只股票的交易活动在时间上并不均匀分布。RET 的均值为-0.001，超过半数的上市公司周特定收益率的均值为负值。ROA 的均值0.052，最小值为-0.662，超过75%的上市公司资产收益率为正值。SIZE 的均值为22.088，标准差为1.146，表明所选样本上市公司的公司规模较大，同时公司间有很大差异。STATE 的均值为0.181，说明样本上市公司中非国有上市公司占比较大。Co_age 的均值为2.191。LEV 的均值为0.372，最大值为1.055，最小值为0.008，说明所选样本上市公司的资产负债率差别较大，但平均负债水平适中。

二、相关性分析

在相关性分析中，表5-4-2列出各变量的相关系数。主对角线右上方是 Spearman 相关系数，左下方是 Pearson 相关系数。其中，NCSKEW 和 DUVOL 有较高的相关性，其相关系数为0.871，说明虽然两者对于暴跌风险的度量角度有所区别，但是度量的精度并无显著差异。另外，其他变量间的相关系数均低于0.5，经验表明不存在多重共线性。

三、回归结果分析

表5-4-3列出模型（5-10）计算出的投资者情绪与公司股价暴跌风险回归结果。实证结果表明，模型（5-10）显著成立，假设1得到证明。具体而言，从表5-4-3中，我们发现，滞后一期的投资者情绪（Sent_IN）对股价暴跌风险（NCSKEW）的影响系数为0.0819，在5%水平上显著呈正相关，而滞后一期的（Sent_IN）对股价暴跌风险（DUVOL）的影响系数为0.0723，在1%水平上显著呈正相关。这意味着，公司层面的投资者情绪与该公司股价暴跌风险显著呈正相关，随着某只股票的投资者情绪不断高涨，会显著增加该公司未来的股价暴跌风险，即假设1成立。在控制变量方面，公司透明度（DA）对股价暴跌风险（NCSKEW）有显著负向影响，公司透明度越高，股价暴跌风险越低。

表5-4-1 投资者情绪对暴跌风险影响的主要变量描述性统计

Variable	Obs	Mean	Std. Dev	P25	P50	P75	Min	Max
$NCSKEW_{t+1}$	4756	−0.249	0.739	−0.634	−0.207	0.167	−4.533	5.037
$DUVOL_{t+1}$	4756	−0.154	0.476	−0.464	−0.159	0.149	−2.224	2.277
Sent_IN	4757	−0.187	0.579	−0.582	−0.239	0.157	−2.507	2.936
SIGMA	4757	0.045	0.017	0.034	0.043	0.053	0.011	0.178
DTURN	4757	−19.503	50.865	−32.581	−7.848	6.244	−341.373	203.560
RET	4757	−0.001	0.001	−0.001	−0.001	−0.001	−0.015	0
NCSKEW	4757	−0.249	0.739	−0.634	−0.207	0.167	−4.533	5.037
DA	4757	0.068	0.125	0.020	0.045	0.083	0	2.291
ROA	4757	0.052	0.060	0.023	0.048	0.080	−0.662	0.675
SIZE	4757	22.088	1.146	21.317	21.936	22.606	19.632	28.341
STATE	4757	0.181	0.385	0	0	1	0	1
Co_age	4757	2.191	0.365	1.946	2.303	2.398	1.099	2.565
LEV	4757	0.372	0.178	0.230	0.359	0.496	0.008	1.055

表 5-4-2　变量的相关系数

	NCSKEW$_{t+1}$	DUVOL$_{t+1}$	SENT	SIGMA	DTURN	RET	NCSKEW	DA	ROA	SIZE	STATE	Co_age1	LEV
NCSKEW$_{t+1}$	1												
DUVOL$_{t+1}$	0.871***	1											
Sent_IN	0.004	-0.011	1										
SIGMA	-0.021	-0.038***	0.410***	1									
DTURN	-0.029**	-0.030**	0.039***	0.219***	1								
RET	0.034**	0.050***	-0.396***	-0.959***	-0.234***	1							
NCSKEW	0.049***	0.036***	-0.043***	-0.090***	-0.074***	0.104***	1						
DA	-0.022	0.004	0.044**	0.029**	-0.026**	-0.018	0.001	1					
ROA	0.065***	0.062***	0.151***	-0.066***	-0.079***	0.066***	0.067***	-0.054***	1				
SIZE	-0.069***	-0.082***	0.088***	-0.203***	0.176***	0.154***	-0.073***	-0.022	-0.012	1			
STATE	-0.058***	-0.051***	0.106***	-0.122***	0.049***	0.092***	-0.057***	-0.042***	-0.027	0.341***	1		
Co_age	-0.038***	-0.039***	0.074***	-0.016	0.364***	-0.003	-0.039***	0.034***	-0.112***	0.189***	0.140***	1	
LEV	-0.044***	-0.047***	0.011	0.000	0.053***	-0.007	-0.048***	0.046***	-0.329***	0.534***	0.157***	0.022	1

注：***、**和*分别表示在10%、5%和1%的置信水平下显著。

表5-4-3 投资者情绪对暴跌风险影响的回归结果

	(1) $NCSKEW_{t+1}$	(2) $DUVOL_{t+1}$
Sent_IN	0.0819**	0.0723***
	(2.30)	(3.14)
Co_age	0.0000	0.0000
	(0.00)	(0.00)
SIGMA	3.7319	1.5246
	(1.37)	(0.87)
DTURN	-0.0003	-0.0001
	(-0.92)	(-0.54)
RET	35.3445	14.6968
	(0.84)	(0.54)
NCSKEW	-0.1683***	-0.0952***
	(-9.87)	(-8.64)
DA	-0.2413**	-0.0753
	(-2.57)	(-1.24)
LEV	-0.0414	-0.1098
	(-0.25)	(-1.03)
ROA	0.1293	0.0642
	(0.47)	(0.36)
SIZE	0.0371	0.0305
	(0.86)	(1.09)
STATE	-0.1205	-0.0518
	(-0.84)	(-0.56)
Year	控制	控制
Industry	控制	控制
_cons	0.1889	0.0805
	(0.16)	(0.10)

续表

	（1） NCSKEW$_{t+1}$	（2） DUVOL$_{t+1}$
N	4756	4756
R2	0.072	0.074

注：*、**和***分别表示在10%、5%和1%的置信水平下显著。括号内为t值。

表5-4-4　采用半年期动量指标的稳健性分析回归结果

	模型5-10	
	NCSKEW$_{t+1}$	DUVOL$_{t+1}$
MOV	0.3226***	0.2493***
	(-6.29)	(-5.96)
SIGMA	3.1690***	2.5890***
	(-4.35)	(-4.31)
DTURN	0.0238	0.0342
	(-0.89)	(-1.6)
RET	11.6776***	9.2780***
	(-6.09)	(-5.8)
NCSKEWt	0.0830***	0.0583***
	(-6.6)	(-5.56)
DA	0.1077	0.0744
	(-1.68)	(-1.27)
ROA	0.5058**	0.3579*
	(-2.76)	(-2.56)
SIZE	0.0411***	0.0487***
	(-3.82)	(-5.25)
STATE	-0.0081	0.0204
	(-0.33)	(-1.02)

续表

	模型 5-10	
	NCSKEW$_{t+1}$	DUVOL$_{t+1}$
Co_age	-0.0548**	-0.0545***
	(-2.93)	(-3.59)
LEV	-0.1281*	-0.1821***
	(-2.00)	(-3.45)
Year	控制	控制
Industry	控制	控制
N	9954	9954
r2	0.0482	0.0418
F	27.896	26.5133
p	0	0

注：*、**和***分别表示在10%、5%和1%的置信水平下显著。括号内为t值。

表 5-4-5 采用错误定价部分指标的稳健性分析回归结果

	模型 5-10	
	NCSKEW$_{t+1}$	DUVOL$_{t+1}$
MISP	0.2451***	0.2203***
	(-10.12)	(-10.94)
SIGMA	0.7977	0.5156
	(-1.07)	(-0.85)
DTURN	0.0367	0.0461**
	(-1.38)	(-2.17)
RET	14.6390***	11.1436***
	(-8.61)	(-7.88)
NCSKEW	0.0648***	0.0432***
	(-5.21)	(-4.16)

续表

	模型 5-10	
	NCSKEW$_{t+1}$	DUVOL$_{t+1}$
DA	0.0864	0.0569
	(-1.4)	(-1.02)
ROA	0.3798**	0.2447**
	(-2.59)	(-2.23)
SIZE	0.0402***	0.0477***
	(-3.75)	(-5.15)
STATE	0.0062	0.0326
	(-0.25)	(-1.64)
Co_age	-0.0865***	-0.0821***
	(-4.61)	(-5.39)
LEV	-0.1625***	-0.2116***
	(-2.60)	(-4.10)
Year	控制	控制
Industry	控制	控制
N	9954	9383
r2	0.0543	0.0503
F	34.5748	34.3349
p	0	0

注：*、**和***分别表示在10%、5%和1%的置信水平下显著。括号内为t值。

四、稳健性分析

（一）半年期动量指标代替投资者情绪

吴世农和汪强（2009）采用了半年期的动量指标来衡量投资者情绪，即采用公司当年1—6月的累计月股票收益率。周学琳（2002）、吴世农和吴超鹏（2003）研究表明，动量效应仅在半年期内显著，如果超过半年甚至更长时期将发生转变，故本书稳健性采用前一期的下半年（7—12月）的累计月股票收益

率来度量投资者情绪。即

$$Momentum_{7-12} = \sum_{i=7}^{12} Return_{t-1} \quad (5-15)$$

下标 i 代表月份，t 代表年份。

将新构建的投资者情绪替代指标代入模型，最终回归结果如表5-4-4。

根据表5-4-4回归结果表明，测试变量系数符号和显著性没有发生改变，说明研究结论是稳健的。

(二) 错误定价部分代替投资者情绪

借鉴 Goyal 和 Yamada（2004）等学者的方法，采用分解市场价值Q的直接方法，将错误定价的部分从市场价值Q分解出来作为投资者情绪的替代变量。

首先，公司市值账面比 MB 可以分解为：

$$MB = M/B = (M-V+V)/B = (M-V)/B + V/B = MIS + VB \quad (5-16)$$

其中，M 表示公司的市值，B 表示公司的账面价值，V 等于公司的真实价值。MIS 表示公司股价中错误的定价部分，作为投资者情绪的替代指标。VB 是公司的成长机会，Rhodes Krof 等（2005）使用以下模型估计：

$$LN(M_{i,t}) = \mu_0 + \mu_1 LN(B_{i,t}) + \mu_2 LN(NI_{i,t}^+) + \mu_3 I_{(<0)} * LN(NI_{i,t}^+) + \mu_4 LEV_{i,t} + \tau_{i,t} \quad (5-17)$$

模型里 $NI_{i,t}^+$ 为净利润的绝对值，$I_{(<0)} * LN(NI_{i,t}^+)$ 表示当净利润小于0时，$I=1$，当净利润大于0时，$I=0$，$LEV_{i,t}$ 为资产负债率。将上述模型分行业跟年度进行回归，得到 $\tau_{i,t}$，即错误定价的对数形式（MISP）。MISP 作为投资者情绪的另外一个替代变量。

将新构建的投资者情绪替代指标代入模型，最终回归结果如表5-4-5。

根据表5-4-5回归结果表明，测试的变量系数符号和显著性没有发生改变，说明研究结论是稳健的。

第五节 本章小结

本章基于公司管理者理性的视角，立足于中国资本市场的现实，将金融市场中的投资者非理性特征与企业微观的股价暴跌事件相结合，构建个股层面的投资者情绪指数，基于中国股票市场2010—2020年的A股上市公司数据，用固定效应面板模型实证检验了在管理者理性迎合的视角下，投资者情绪影响公司股价暴跌风险的存在性。本章的实证结果表明：公司层面的投资者情绪与该公司股价暴跌风险显著呈正相关，即随着某只股票的投资者情绪不断高涨，会显著增加该公司未来的股价暴跌风险。

第六章

管理者过度自信、投资者情绪与公司股价暴跌风险

第一节 本章引言

目前行为金融学和委托代理理论都是基于管理者理性的视角来讨论公司暴跌风险。事实上，现有文献的研究也是基于公司管理者大都是完全理性的"经济人"这一假设展开的，他们致力于追求个人利益的最大化，这不可避免地会与股东利益产生矛盾、冲突。从社会心理学的研究来看，管理者行为也并不总是围绕自身利益展开，当他们感知到自身行为会损害他人利益时，其心理会产生压迫感，精神世界得不到满足，难以产生快乐感（Barberis，2013）。另外，由行为公司金融的研究文献得知，即便管理者在依据给定的信息或信念集进行判断和决策时，也极易做出有偏的判断和错误的决策，当其自主收集相关信息以进行后续相关活动时，这种错误和有偏的概率会大大增加（Barberis和Thaler，2003），这说明管理者常常是有限自利和有限理性的。本书认为传统代理理论对股价暴跌风险的解释不够完整和全面，鉴于此，本章试图从行为公司金融视角出发，研究管理者窖藏负面消息与股价暴跌的关系。

第二节 研究背景与研究假设

从近些年来的社会心理学和行为学研究可以发现，公司管理者特质中有一项非常明显的特征即有限理性，这是普遍存在过度自信的心理偏差（Taylor和Brown，1988；Alicke和Goverun，2005；余明桂等，2006；姜付秀等，2009；罗进辉和黄泽悦，2017）。心理学研究发现，管理者存在"过度自信"倾向，即倾向于高估自己的能力，认为自身能力要高于人均能力水平，产生所谓"好于平

均"效应（the Better-than-Average Effect）。管理者还存在"校准偏差"，即经常夸大自己对事态的控制能力，认为自己对不确定事件的控制能力高于自身实际水平，产生所谓"控制幻觉"（Illusion of Control）。行为经济学将个体的这两者心理偏差统称为过度自信。

与传统的委托代理理论不同，过度自信假设下的企业管理者与所有者不存在代理问题，他的内心忠于企业所有者（Heaton，2002），但是，公司行为结果的差异并非来自管理者的道德风险，仅仅只是因为管理者的过度自信。基于决策理论的研究结果，公司管理者的过度自信主要从两个方面引起公司股价暴跌风险：第一，由于过度自信的公司管理者在决策过程中存在乐观错觉，所以他对自己处理事故的能力过于自信（Camerer 和 Lovallo，1999），或者是对企业的资源禀赋把握不准确，往往倾向于高估（Shane 和 Stuart，2002）；第二，公司管理者存在解释偏差和控制错觉，过于低估失败的可能性和不利因素的影响，即在实践决策过程中，过于低估了企业资源的需要，或者过于低估了公司面临环境的不确定性（Kahneman 和 Lovallo，1993；March 和 Shapira，1987）。由于这些心理偏差的存在，过度自信的管理者往往过于看好公司环境，在决策时也更具冒险精神（Chatterjee 和 Hambrick，2007；黄新建等，2015），这时就更加容易出现过度投资和过度并购的不利情况，过度自信的管理者也更倾向于债务融资而非股权融资，而且过度自信管理者的过度乐观和解释偏差还会影响他们的股票市场信息披露行为，更偏向披露好消息而不自觉地窖藏坏消息，因此，过度自信的管理者最终会在公司中积累起大量的股票暴跌风险。这符合第三章第三节中提出的研究假设2。

第三节 研究设计与样本数据

一、研究模型设计

本书研究的是投资者情绪对公司未来股价暴跌风险的影响，因此投资者情绪指标、管理者过度自信、控制变量均滞后一期。在上章中，本书已设计模型(5-10)，检验了投资者情绪对上市公司股价暴跌风险的影响，并证明了假设1成立。

$$Crash\_risk = \alpha_0 + \alpha_1 * Sent\_In + \sum Control + \varepsilon_1 \quad (6-1)$$

进一步，为了检验"管理过度自信"是否是投资者情绪影响股价暴跌风险的影响渠道，即"管理者过度自信"是否存在中介效应，根据上节中温忠麟等（2004）的中介效应检验程序，参考花贵如（2011）研究模型，构建递归模型，设计模型（6-2），（6-3）检验假设 2a、2b：

$$Sent\_MA = \alpha_0 + \alpha_1 * Sent\_In + \sum Control + \varepsilon_2 \quad (6-2)$$

$$Crash\_risk = \alpha_0 + \alpha_1 * Sent\_In + \alpha_2 * Sent\_MA + \sum Control + \varepsilon_3 \quad (6-3)$$

模型（6-1）、模型（6-3）为线性 OLS 回归，回归模型（6-2）为二元 Logistic 逻辑回归。其中 α_0 为截距，α_i 为系数，ε_i 为残差，各变量含义参照表 6-3-1。

二、变量设计

在本研究中，对管理者过度自信的衡量是需要重点解决的难题。Roll（1986）在以管理者过度自信为条件来研究企业投资行为时，并没有对其进行实证检验，原因就在于对管理者过度自信的衡量较为困难。国内外学者对过度自信展开了大量研究，但如何度量这一心理因素一直困扰着众多学者。国外学者在度量管理者过度自信时通常是通过搜集具有重要商业影响力的主流媒体（报纸）对样本公司管理者的各种评价来度量。Brown 和 Sarman 将主流媒体对管理者的评价分为三类：①乐观的管理者，②自信的管理者，③可靠的管理者、谨慎的管理者、保守的管理者、务实的管理者、节俭的管理者、不自信的管理者以及不乐观的管理者，然后采用 [（①）+（②）]／（③）来构建指标用于度量管理者的过度自信，该比例越大，则说明公司管理者越自信。然而，国内在这一方法上存在很大的限制，原因在于国内主流财经媒体较少对上市公司管理者进行评价，样本量较小，数据收集工作受阻，因此采用该指标来对管理者过度自信进行度量并不可取。

Malmendier 和 Tate 以行权期内管理者持有本公司期权到期而不进行转让来衡量管理者对公司未来股价增长的预期，反映管理者对公司未来持有的乐观心态，因此，该指标用于衡量管理者过度自信较为合理。2006 年新"公司法"规定，"公司董事、监事、高级管理人员应当向公司申报所持有的本公司的股份及其变动情况"。基于此，本书采用上市公司高管持股变化指标来衡量管理者过度自信。具体做法为排除分红、增发配股、股权激励等原因后，若在上一年基本每股收益增长率为负数的情况下，公司管理者仍然增持本公司股票，则判定管理者对公司未来预期存在过度自信。当存在管理者过度自信时，赋值为1，否则为0。

其他变量定义见表6-3-1。

表6-3-1 变量定义

变量类型	变量名称	变量代码	定义
测试变量	暴跌风险	NCSKEW	个股负收益偏态系数
		DUVOL	个股上下波动比率
	管理者过度自信	Sent_MA	持股变化指标。排除分红、增发配股、股权激励等情况，若在上一年基本每股收益增长率为负数的情况下，高管若主动增持公司股票，取值为1，视为管理者过度自信，反之取值为0，视为管理者悲观主义
	投资者情绪	Sent_IN	个股投资者情绪复合指标。股票动量、托宾Q、权益市账比、换手率，用这四个指标与反映公司的基本面因素进行回归，将回归残差作为单个情绪替代指标，将单个情绪替代指标采用主成分分析的方法构建公司层面的情绪复合指标
控制变量	上市年限	Co_age	以上市公司的上市年度衡量，并取其自然对数
	股票收益波动	SIGMA	公司第t年周特定收益的标准差
	投资者异质信念	DTURN	个股的年平均超额换手率，为第t年股票的月平均换手率与第$t-1$年股票的月平均换手率的差
	平均周特定收益率	RET	股票平均周特定收益率
	上一期负收益偏态系数	NCSKEW	$t-1$期个股负收益偏态系数

续表

变量类型	变量名称	变量代码	定义
控制变量	公司透明度	DA	以可操纵应计利润的绝对值,琼斯修正模型计算
	资产负债率	LEV	总负债除以总资产
	资产收益率	ROA	当年净利润除以当年总资产
	企业规模	SIZE	期末总资产自然对数
	产权性质	STATE	国有上市公司取1,反之取0
控制变量	股权集中度	HHI5	前五大股东持股比例的平方和
	高管持股比例	GGCG	高管持股数量除以年末公司总股本
	独立董事规模	DDSIZE	独立董事的人数
	性别	GENDER	公司高管男女比例
	年龄	AGE	公司高管的年龄平均值
	行业虚拟变量	Ind	控制不同行业的影响因素
	年度虚拟变量	Year	控制不同时期的宏观因素

三、数据来源与样本选择

本书选取了2010—2020年A股上市公司的样本数据,参照已有的文献,对原始样本数据进行了以下处理:(1) 剔除金融类上市公司;(2) 剔除资产负债率大于1的公司;(3) 参照Jin和Myers (2006) 的做法,剔除每年交易周数小于30的样本公司;(4) 剔除数据缺失的样本公司。根据上述标准,共得到9383个观测值,全部数据来自国泰安数据库。

本书检验中介效应的路径:第一,首先模型(6-1)对样本公司进行投资者情绪对上市公司股价暴跌风险的回归分析。若投资者情绪的回归系数显著,意味着投资者情绪能够显著影响暴跌风险,这一结果,在第五章中已经得到证实。第二,依次采用模型(6-2)、模型(6-3)进行检验。如果模型(6-2)中投资者情绪的系数、模型(6-3)中管理者过度自信的系数均显著,则管理者过度自信在投资者情绪和公司股价暴跌风险中充当中介变量,起码有部分影响是通过"管理者过度自信"发生作用的,即当某只股票的投资者情绪高涨,其高涨情绪会感染公司管理者,使管理者产生过度自信,进而导致公司未来股价发生暴跌的概率提高。第三，如果模型（6-2）中的投资者情绪系数、模型（6-3）中的管理者过度自信系数，两者其中之一并不显著，需要进行 Sobel 检验，若检验结果显著，则说明存在中介效应，反之，则并不存在中介效应；如果模型（6-2）中的投资者情绪系数、模型（6-3）中的管理者过度自信系数两者显著，并且模型（6-3）中的投资者情绪系数显著，表明在投资者情绪影响公司股价暴跌的过程中，管理者过度自信起到了部分中介效应作用；如果模型（6-2）中的投资者情绪系数、模型（6-3）中的管理者过度自信系数两者显著，而模型（6-3）中的投资者情绪系数不显著，表明在投资者情绪影响股价暴跌风险的过程中，管理者过度自信起到了完全的中介效应作用。基于此，本部分首先进行描述性统计和相关性分析，数据通过相关性检验后，本书会采用面板数据固定效应模型对模型（6-1）、模型（6-3）进行线性回归，对模型（6-2）进行 Logit 值回归。

第四节 实证检验与结果分析

一、描述性统计

由表 6-4-1 可以看出，管理者过度自信（$Sent\_MA$）均值为 0.06，四分之一位数为 0，表明超过 75% 的样本上市公司的管理者大多时间都保持冷静。股权集中度（$HHI5$）的均值为 0.17，中位数为 0.0141，说明有超过一半的样本上市公司，其前五大股东占股比例的平方和超过 20%。高管持股比例（$GGCG$）的均值为 0.0649，最大值为 0.843，说明部分样本上市公司的高管持股比例极高，这意味着目前我国仍有很多上市公司是以传统家族式管理模式来经营公司，并非寻找职业经理人代为管理。独立董事规模（$DDSIZE$）的均值是 3.23，四分之三位数为 3，最大值为 8，这表明超过 75% 的样本上市公司至少拥有 3 名独立董事。平均高管年龄（AGE）的均值为 48.76，最大值为 61.36，最小值为 37.42，四分之三位数为 50.77，这表明目前我国绝大部分上市公司的高管都处于中壮年。其余变量与第四章第三节第一部分的描述性统计差异很小，在这里不再过多叙述。

二、相关性统计

在相关性分析中，表 6-4-2 列出各变量的相关系数，其中，$NCSKEW$ 和

DUVOL 有较高的相关性，其相关系数为 0.907，说明虽然两者对于暴跌风险的度量角度有所区别，但是度量的精度并无显著区别，并且，和第四章和三节第二部分相关性结果差别很小。个股投资者情绪（$Sent\_IN$）与其公司暴跌风险的相关系数分别为 0.152 和 0.141，均在 1% 水平上显著呈正相关。这说明，个股投资者情绪越是高涨，未来该股票的价格将越偏离其真实价值，即未来该公司发生股价暴跌的可能性将越大，再次为假设 1 提供了经验证据。管理者过度自信（$SENT\_MA$）与公司股价暴跌风险的相关系数分别为 0.0323 与 0.0312，而且都在 1% 水平上显著呈正相关，这意味着公司管理者过度自信，对该公司股价暴跌风险的发生存在着正向促进作用。

三、回归结果分析

表 6-4-3 列出基于模型（6-1）（6-2）（6-3）计算出的投资者情绪与公司股价暴跌风险中介效应检验回归结果。从表 6-4-3 的第（1）（2）列［模型（6-1）的检验结果］可以看出，投资者情绪的回归系数为 0.3479 和 0.3103，均在 1% 水平上显著，说明该股票的投资者情绪对该公司未来的股价暴跌风险有着显著的正向影响。表 6-4-3 的第（3）列［模型（6-2）的检验结果］中投资者情绪的回归系数为 0.3911，并在 5% 水平上显著，这说明随着该公司股票的投资者情绪的高涨，会显著感染该公司的管理层，使公司管理者的过度自信也随之高涨，假设 2a 得以证明。表 6-4-3 的第（4）（5）列［模型（6-3）的检验结果］中管理者过度自信的系数分别为 0.0918 和 0.0748，并且都在 5% 水平上显著。基于模型（6-2）中投资者情绪的系数、模型（6-3）中管理者过度自信的系数均显著为正，这意味着，在某公司股票的投资者情绪影响该公司股价暴跌风险的过程中，至少有一部分显著正向影响是通过"管理者过度自信"的中介渠道发生作用的，即随着某公司股票投资者情绪的高涨，该高涨的投资者情绪会感染该公司的管理者，使其产生高涨的管理者过度自信，进而加剧该公司未来发生股价暴跌的概率，假设 2 得以证明。并且，表 6-4-3 的第（4）（5）列的投资者情绪系数为 0.3461 和 0.3087，并且都在 1% 水平上显著，这表明在投资者情绪影响公司股价暴跌风险的过程中，公司管理者的过度自信确实部分地发生了中介效应作用，假设 5A 得以证明。

四、稳健性分析

（一）半年期动量指标代替投资者情绪

吴世农和汪强（2009）在衡量投资者情绪时采用的是半年期的动量指标，即采用公司当年1—6月的累计月股票收益率，但是周学琳（2002）、吴世农和吴超鹏（2003）研究表明，动量效应仅在半年期内显著，如果超过半年甚至更长时期将发生转变，故本书稳健性采用前一期的下半年（7—12月）的累计月股票收益率来度量投资者情绪。即：

$$Momentum_{7-12} = \sum_{i=7}^{12} Return_{t-1} \quad (6-4)$$

表6-4-1 管理者过度自信在投资者情绪对暴跌风险影响的中介效应主要变量描述性统计

variable	N	mean	sd	p25	p50	p75	min	max
NCSKEW$_{t+1}$	9383	−0.267	0.988	−0.824	−0.222	0.345	−5.013	4.218
DUVOL$_{t+1}$	9383	−0.153	0.814	−0.654	−0.152	0.351	−5.556	3.706
Sent_MA	9383	0.06	0.238	0	0	0	0	1
Sent_IN	9383	0.0233	0.509	−0.202	0.0458	0.291	−3.565	7.577
SIGMA	9383	0.0548	0.0238	0.0383	0.0491	0.0661	0.0141	0.192
DTURN	9383	−0.046	0.47	−0.173	0.0046	0.177	−5.916	3.051
RET	9383	−0.00254	0.00794	−0.00667	−0.00259	0.00154	−0.0528	0.0668
NCSKEW	9383	−0.233	0.986	−0.782	−0.192	0.369	−5.422	4.068
DA	9383	0.0304	0.161	−0.0235	0.0258	0.0782	−5.254	5.923
ROA	9383	0.0397	0.0738	0.0135	0.035	0.064	−0.691	4.837
SIZE	9383	22.02	1.264	21.12	21.84	22.72	17.64	28.51
STATE	9383	0.406	0.491	0	0	1	0	1
Co_age	9383	2.106	0.755	1.386	2.303	2.773	0.693	3.258
LEV	9383	0.435	0.218	0.257	0.431	0.607	0.00708	0.998
HHI5	9383	0.17	0.123	0.0762	0.141	0.234	1.50E−05	0.81
GGCG	9383	0.0649	0.139	0	0.000132	0.037	0	0.843
DDSIZE	9383	3.23	0.6301	3	3	3	0	8
GENDER	9383	7.01	5.6	3.25	5	8.5	0.667	42
AGE	9383	48.76	3.1	46.69	48.8	50.77	37.42	61.36

第六章 管理者过度自信、投资者情绪与公司股价暴跌风险

表6-4-2 管理者过度自信在投资者情绪对暴跌风险影响的中介效应主要变量相关性分析

	NCSKEW$_{t+1}$	DUVOL$_{t+1}$	SENT_MA	Sent_IN	SIGMA	DTURN	RET	NCSKEW	DA	ROA
NCSKEW$_{t+1}$	1									
DUVOL$_{t+1}$	0.907***	1								
SENT_MA	0.0323***	0.0312***	1							
Sent_IN	0.152***	0.141***	0.0936***	1						
SIGMA	0.0638***	0.0538***	0.17***	0.438***	1					
DTURN	−0.0012	0.0029	0.079***	0.0303***	0.351***	1				
RET	0.118***	0.115***	−0.0347***	0.278***	0.204***	0.0058	1			
NCSKEW	−0.0132	−0.0221***	0.0341***	−0.1***	−0.194***	−0.086***	−0.571***	1		
DA	0.0258**	0.0224**	0.0035	0.0187*	−0.0012	−0.0681***	−0.0006	0.0178*	1	
ROA	0.0612***	0.0588***	0.0042	0.192***	−0.0403***	−0.0786***	0.0979***	−0.0161	0.0233**	1
SIZE	−0.0301***	−0.0124	0.0041	−0.578***	−0.151***	0.163***	−0.195***	−0.0184	−0.202***	−0.0305***
STATE	−0.0649***	−0.0455***	−0.0997***	−0.348***	−0.174***	0.109***	−0.099***	−0.0584***	−0.0744***	−0.0837***
Co_age	−0.0739***	−0.0733***	−0.0764***	−0.316***	−0.0537***	0.403***	−0.0948***	−0.0635***	−0.0265***	−0.12***
LEV	−0.0599***	−0.0628***	−0.0564***	−0.532***	−0.0764***	0.142***	−0.0605***	−0.0547***	−0.034***	−0.268***
HHI5	−0.0455***	−0.0323***	−0.0515***	−0.109***	−0.0853***	−0.103***	−0.0385***	−0.0435***	−0.127***	0.0619***
GGCG	0.0522***	0.0412***	0.106***	0.265***	0.132***	−0.14***	0.0775***	0.0293***	0.028***	0.0918***
DDSIZE	0.0246**	0.0222**	0.0079	0.0777***	0.0232**	−0.0206**	0.0542***	0.0245**	1***	0.0233**
GENDER	−0.0216*	−0.0069	−0.0139	−0.181***	−0.0903***	0.0194*	−0.0695***	−0.0087	−0.105***	−0.0383***
AGE	−0.0485***	−0.0303***	−0.0361***	−0.182***	−0.0807***	0.158***	−0.12***	−0.0423***	−0.123***	−0.0199*

续表

	SIZE	STATE	Co_age	LEV	HHI5	GGCG	DDSIZE	GENDER	AGE
SIZE	1								
STATE	0.365***	1							
Co_age	0.333***	0.46***	1						
LEV	0.513***	0.333***	0.459***	1					
HHI5	0.282***	0.169***	-0.0974***	0.0494***	1				
GGCG	-0.266***	-0.37***	-0.482***	-0.305***	-0.0279***	1			
DDSIZE	-0.202***	-0.0744***	-0.0265***	-0.034***	-0.127***	0.028***	1		
GENDER	0.245***	0.208***	0.0934***	0.134***	0.0852***	-0.118***	-0.105***	1	
AGE	0.349***	0.366***	0.296***	0.165***	0.121***	-0.267***	-0.123***	0.242***	1

* $p<0.1$, ** $p<0.05$, *** $p<0.01$

表6-4-3 管理者过度自信的中介效应实证检验结果

	模型6-1		模型6-2	模型6-3	
	(1) NCSKEW$_{t+1}$	(2) DUVOL$_{t+1}$	(3) Sent_MA	(4) NCSKEW$_{t+1}$	(5) DUVOL$_{t+1}$
Sent_IN	0.3479***	0.3103***	0.3911**	0.3461***	0.3087***
	(-8.18)	(-8.25)	(2.03)	(-8.15)	(-8.22)
Sent_MA				0.0918**	0.0748**
				(-2.11)	(-2.16)
SIGMA	1.7756**	1.4017**		1.7618**	1.3904**
	(-2.44)	(-2.34)		(-2.42)	(-2.32)
DTURN	0.0429	0.0515**		0.0406	0.0497**
	(-1.59)	(-2.4)		(-1.51)	(-2.31)
RET	13.1197***	9.8135***		13.1176***	9.8117***
	(-7.38)	(-6.59)		(-7.38)	(-6.59)
NCSKEWt	0.0718***	0.0495***		0.0714***	0.0492***
	(-5.79)	(-4.79)		(-5.76)	(-4.76)
DA	0.0894	0.0597		0.0897	0.0599
	(-1.44)	(-1.06)		(-1.45)	(-1.07)
ROA	0.2405**	0.1213		0.2432**	0.1236
	(-1.99)	(1.29)		(-2)	(-1.31)
SIZE	0.0990***	0.1001***		0.0977***	0.0991***
	(-8.4)	(-10.04)		(-8.29)	(-9.93)
STATE	0.0069	0.0331*		0.0096	0.0354*
	(-0.28)	(-1.67)		(-0.39)	(-1.79)
Co_age	-0.0516***	-0.0508***		-0.0494***	-0.0490***
	(-2.77)	(-3.34)		(-2.65)	(-3.22)
LEV	0.0252	-0.0441	1.5662**	0.0265	-0.043
	(-0.38)	(0.80)	(2.32)	(-0.4)	(-0.78)

续表

	模型 6-1		模型 6-2	模型 6-3	
	（1）	（2）	（3）	（4）	（5）
	NCSKEW$_{t+1}$	DUVOL$_{t+1}$	Sent_MA	NCSKEW$_{t+1}$	DUVOL$_{t+1}$
HHI5			-7.2471*** (-4.01)		
GGCG			-1.7000* (-1.82)		
DDSIZE			-0.0081 (-0.05)		
GENDER			-0.0049 (-0.24)		
AGE			0.1490*** (3.28)		
Year	控制	控制	控制	控制	控制
Industry	控制	控制	控制	控制	控制
N	9383	9383	9383	9383	9383
r2	0.0554	0.0514		0.0559	0.0519
F	31.6715	31.0075		29.4091	28.9102
p	0	0	0	0	0

注：*、**和***分别表示在10%、5%和1%的置信水平下显著。括号内为t值。

其中，下标 i 代表月份，t 代表年份。

将新构建的投资者情绪替代指标代入模型，最终回归结果如表6-4-4。

根据表6-4-4回归结果表明，测试变量系数符号和显著性均没有发生改变，说明研究结论是稳健的。

（二）错误定价部分代替投资者情绪

借鉴 Goyal 和 Yamada（2004）等学者的方法，采用分解市场价值 Q 的直接方法，将错误定价的部分从市场价值 Q 分解出来作为投资者情绪的替代变量。

首先，公司市值账面比 MB 可以分解为：

$$MB = M/B = (M-V+V)/B = (M-V)/B + V/B = MIS + VB \quad (6-5)$$

其中，M 表示公司的市值，B 表示公司的账面价值，V 等于公司的真实价值。MIS 表示公司股价中错误的定价部分，作为投资者情绪的替代指标。VB 是公司的成长机会，Rhodes Krof 等（2005）使用以下模型估计：

$$LN(M_{i,t}) = \mu_0 + \mu_1 LN(B_{i,t}) + \mu_2 LN(NI^+_{i,t}) + \mu_3 I_{(<0)} * LN(NI^+_{i,t}) + \mu_4 LEV_{i,t} + \tau_{i,t} \quad (6-6)$$

模型里 $NI^+_{i,t}$ 为净利润的绝对值，$I_{(<0)} * LN(NI^+_{i,t})$ 表示当净利润小于 0 时，$I=1$，当净利润大于 0 时，$I=0$，$LEV_{i,t}$ 为资产负债率。将上述模型分行业跟年度进行回归，得到的 $\tau_{i,t}$，即错误定价的对数形式（$MISP$）。$MISP$ 作为投资者情绪的另外一个替代变量，将新构建的投资者情绪替代指标代入模型，最终回归结果如表 6-4-5。根据表 6-4-5 回归结果表明，测试的变量系数符号和显著性没有发生改变，说明本文结论是可靠的。

五、基于投资者异质情绪的进一步检验

（一）研究方法设计

本书理论分析，投资者情绪高涨，将直接塑造管理者"过度自信"，进而影响暴跌风险。但是投资者情绪的异质性，即悲观和乐观这两种截然相反的投资者情绪，对管理者产生的影响也是不同的。因此，本节检验投资者情绪的异质性对管理者过度自信的中介作用影响的差异。

表 6-4-4 采用半年期动量指标的稳健性分析回归结果

	模型 6-1		模型 6-2	模型 6-3	
	NCSKEW$_{t+1}$	DUVOL$_{t+1}$	Sent_MA	NCSKEW$_{t+1}$	DUVOL$_{t+1}$
MOV	0.3226***	0.2493***	0.8065***	0.3254***	0.2517***
	(-6.29)	(-5.96)	-4.44	(-6.35)	(-6.03)
Sent_MA				0.1097*	0.0901**
				(-2.51)	(-2.59)
SIGMA	3.1690***	2.5890***		3.1506***	2.5738***
	(-4.35)	(-4.31)		(-4.32)	(-4.28)

续表

	模型6-1		模型6-2	模型6-3	
	$NCSKEW_{t+1}$	$DUVOL_{t+1}$	Sent_MA	$NCSKEW_{t+1}$	$DUVOL_{t+1}$
DTURN	0.0238	0.0342		0.0213	0.0322
	(-0.89)	(-1.6)		(-0.8)	(-1.51)
RET	11.6776***	9.2780***		11.5879***	9.2043***
	(-6.09)	(-5.8)		(-6.05)	(-5.76)
NCSKEWt	0.0830***	0.0583***		0.0826***	0.0580***
	(-6.6)	(-5.56)		(-6.57)	(-5.53)
DA	0.1077	0.0744		0.108	0.0747
	(-1.68)	(-1.27)		(-1.69)	(-1.28)
ROA	0.5058**	0.3579*		0.5075**	0.3593*
	(-2.76)	(-2.56)		(-2.75)	(-2.56)
SIZE	0.0411***	0.0487***		0.0400***	0.0478***
	(-3.82)	(-5.25)		(-3.71)	(-5.15)
STATE	-0.0081	0.0204		-0.0048	0.0232
	(-0.33)	(-1.02)		(-0.19)	(-1.16)
Co_age	-0.0548**	-0.0545***		-0.0521**	-0.0523***
	(-2.93)	(-3.59)		(-2.79)	(-3.44)
LEV	-0.1281*	-0.1821***	1.5675*	-0.1254	-0.1799***
	(-2.00)	(-3.45)	(-2.33)	(-1.96)	(-3.41)
HHI5			-8.4129***		
			(-4.56)		
GGCG			-2.0292*		
			(-2.21)		
DDSIZE			0		
			(0)		
GENDER			-0.0097		
			(-0.47)		

续表

	模型 6-1		模型 6-2	模型 6-3	
	NCSKEW$_{t+1}$	DUVOL$_{t+1}$	Sent_MA	NCSKEW$_{t+1}$	DUVOL$_{t+1}$
AGE			0.2016***		
			(−4.44)		
Year	控制	控制	—	控制	控制
Industry	控制	控制	—	控制	控制
N	9383	9383	9383	9383	9383
r2	0.0482	0.0418		0.0489	0.0425
F	27.896	26.5133		25.9902	24.8032
p	0	0	0	0	0

注：*、**和***分别表示在10%、5%和1%的置信水平下显著。括号内为t值。

表6-4-5 采用错误定价部分指标的稳健性分析回归结果

	模型 6-1		模型 6-2	模型 6-3	
	NCSKEW$_{t+1}$	DUVOL$_{t+1}$	Sent_MA	NCSKEW$_{t+1}$	DUVOL$_{t+1}$
MISP	0.2451***	0.2203***	1.3567***	0.2428***	0.2185***
	(−10.12)	(−10.94)	(−10.67)	(−10.03)	(−10.85)
Sent_MA				0.0833*	0.0671*
				(−1.92)	(−1.95)
SIGMA	0.7977	0.5156		0.7982	0.516
	(−1.07)	(−0.85)		(−1.08)	(−0.85)
DTURN	0.0367	0.0461**		0.0346	0.0444**
	(−1.38)	(−2.17)		(−1.3)	(−2.09)
RET	14.6390***	11.1436***		14.6444***	11.1479***
	(−8.61)	(−7.88)		(−8.61)	(−7.89)
NCSKEW	0.0648***	0.0432***		0.0645***	0.0430***
	(−5.21)	(−4.16)		(−5.19)	(−4.14)
DA	0.0864	0.0569		0.0866	0.0571
	(−1.4)	(−1.02)		(−1.41)	(−1.03)

续表

	模型 6-1		模型 6-2	模型 6-3	
	NCSKEW$_{t+1}$	DUVOL$_{t+1}$	Sent_MA	NCSKEW$_{t+1}$	DUVOL$_{t+1}$
ROA	0.3798**	0.2447**		0.3822**	0.2466**
	(-2.59)	(-2.23)		(-2.59)	(-2.24)
SIZE	0.0402***	0.0477***		0.0394***	0.0471***
	(-3.75)	(-5.15)		(-3.67)	(-5.08)
STATE	0.0062	0.0326		0.0087	0.0346*
	(-0.25)	(-1.64)		(-0.35)	(-1.74)
Co_age	-0.0865***	-0.0821***		-0.0843***	-0.0804***
	(-4.61)	(-5.39)		(-4.49)	(-5.26)
LEV	-0.1625***	-0.2116***	0.2517	-0.1603**	-0.2098***
	(-2.60)	(4.10)	-0.36	(-2.56)	(-4.06)
HHI5			-3.0078*		
			(-1.80)		
GGCG			-0.6625		
			(-0.68)		
DDSIZE			0.1091		
			(0.61)		
GENDER			0.0103		
			(-0.47)		
AGE			0.0373		
			(-0.78)		
Year	控制	控制	控制	控制	控制
Industry	控制	控制	控制	控制	控制
N	9383	9383	9383	9383	9383
r2	0.0543	0.0503		0.0547	0.0507
F	34.5748	34.3349		31.8614	31.6988
p	0	0	0	0	0

注：*、**和***分别表示在10%、5%和1%的置信水平下显著。括号内为t值。

本书借鉴宋顺林和王彦超（2016）的分类方法，将投资者情绪分为投资者乐观情绪和投资者悲观情绪，投资者乐观情绪即投资者情绪大于总体均值的部分，投资者悲观情绪即投资者情绪小于总体均值的部分。本节将总体样本据此划分为两个子样本，按照模型（5-10）（6-1）（6-2），分别检验了投资者异质情绪对公司股价暴跌和管理者过度自信的中介效应的影响。

（二）实证结果分析

本书将投资者情绪分为乐观情绪和悲观情绪两个子样本分别进行描述性统计，根据表6-4-6可以看出，有52.58%的样本为投资者乐观情绪，而悲观情绪占总体样本量的47.42%，由于是按均值划分为两个子样本，故两个样本的数量相差不大。在投资者乐观情绪子样本中，管理者过度自信的均值为0.078，而在投资者悲观情绪子样本中，管理者过度自信的均值为0.04，约为前者的51.28%，这说明相对于投资者乐观情绪，当投资者较为悲观时，公司管理者也会受到外部悲观情绪的感染，处于比较谨慎和理性的状态，管理者的过度自信表现不强。在投资者乐观情绪子样本中，投资者情绪指标均值为0.36；在投资者悲观情绪子样本中，投资者情绪指标均值为-0.35，符合现实资本市场上投资者情绪的基本表征。

根据表6-4-7可以得出，在全样本中，管理者过度自信与股价暴跌风险指标、投资者情绪均为显著正相关，表明管理者过度自信对投资者情绪、股价暴跌风险存在正向影响。这和投资者乐观情绪子样本的结果一致，说明在投资者乐观情绪充斥股票市场时，上市公司管理者过度自信情绪高涨，进一步提高了公司股价发生暴跌的概率。在投资者悲观情绪子样本中，管理者过度自信与股价暴跌风险、投资者悲观情绪并无显著的相关性，说明当股票市场充斥着低迷的悲观情绪时，上市公司管理者也会受外部情绪的感染，其情绪变得低迷而谨慎，因此，其行为决策模式不再符合管理者过度自信模式，其行为结果对公司发生股价暴跌事件的影响变得无法确定，符合本书预期。

表6-4-6　基于投资者情绪异质性实证分析的主要变量的描述性统计

variable	全样本 N	mean	sd	投资者乐观情绪 N	mean	sd	投资者悲观情绪 N	mean	sd
$NCSKEW_{t+1}$	9383	-0.267	0.988	4934	-0.148	0.913	4449	-0.397	1.049
$DUVOL_{t+1}$	9383	-0.153	0.814	4934	-0.0645	0.776	4449	-0.251	0.843
Sent_MA	9383	0.06	0.238	4934	0.078	0.268	4449	0.04	0.196
Sent_IN	9383	0.0233	0.509	4934	0.36	0.333	4449	-0.35	0.397

首先，基于投资者情绪与股价暴跌风险因果关系的总效应检验模型（6-1），排除管理者过度自信，仅考察投资者异质情绪影响股价暴跌风险的总效应。从表6-4-8中可以看出，第（1）（2）列表示投资者乐观情绪对股价暴跌风险的影响，结果表明，投资者乐观情绪的影响系数分别为0.140和0.131，而且都在1%水平上显著，说明投资者乐观情绪的高涨会加剧上市公司未来的股价暴跌风险；第（6）（7）列表示投资者悲观情绪对股价暴跌风险的影响，结果表明，投资者悲观情绪的影响系数分别为0.424和0.377，并且都在1%水平上显著，说明投资者低迷的悲观情绪，也会加剧上市公司未来的股价暴跌风险。

其次，基于管理者过度自信中介效应检验模型（6-2），我们来考察管理者过度自信是否对投资者异质的情绪都能产生影响股价暴跌风险的中介效应。在表6-4-8中，第（3）列和第（8）列分别表示投资者对于某支上市公司股票价格在高涨的乐观情绪或者低迷的悲观情绪情景下，该公司管理者的过度自信是否通过了中介效应检验。研究结果表明，当投资者对某支股票价格看好，处于高涨的乐观情绪时，该公司的管理者过度自信的系数为0.498，并在10%水平上显著正相关，说明投资者情绪的高涨感染了公司的管理层，塑造了"管理者过度自信"；与之相反，当投资者对某支股票价格看跌，处于低迷的悲观情绪时，该公司的管理者过度自信系数并不显著，这说明从数据角度，无法看出投资者的悲观情绪能够塑造"管理者过度自信"。

表6-4-7 基于投资者情绪异质性实证分析的主要变量的相关性分析

		$NCSKEW_{t+1}$	$DUVOL_{t+1}$	Sent_MA	Sent_IN
$NCSKEW_{t+1}$	全样本	1	0.907***	0.0302***	0.152***
	投资者乐观情绪	1	0.9***	0.0236*	0.0267*
	投资者悲观情绪	1	0.912***	0.0172	0.143***
$DUVOL_{t+1}$	全样本		1	0.0287***	0.142***
	投资者乐观情绪		1	0.027*	0.0196
	投资者悲观情绪		1	0.0106	0.146***
Sent_MA	全样本			1	0.0958***
	投资者乐观情绪			1	0.0854***
	投资者悲观情绪			1	0.0227

续表

		NCSKEW$_{t+1}$	DUVOL$_{t+1}$	Sent_ MA	Sent_ IN
Sent_ IN	全样本				1
	投资者乐观情绪				1
	投资者悲观情绪				1

注：*、**和***分别表示在10%、5%和1%的置信水平下显著。

最后，基于总效用模型6-3，我们来考察投资者异质情绪通过管理者过度自信影响股价暴跌风险的总效用。在表6-4-8中，第（4）（5）列表示投资者乐观情绪通过管理者过度自信中介对公司股价暴跌的总影响，其影响系数分别为0.138和0.129，在1%的水平上显著，管理者过度自信的系数分别为0.104和0.100，在5%的水平上显著。这说明，在投资者看好某只股票，其乐观情绪不断高涨时，非理性投资者几乎占据了市场，他们高涨的情绪感染了公司的管理层，使得管理者过度自信也随之不断高涨，过度自信的管理者会忽视公司的风险，冲动冒进地进行各项决策，提升公司的股价，股价泡沫不断增大，进而加大了公司股价的暴跌概率。与之对应，第（9）（10）列表示投资者悲观情绪通过管理者过度自信中介对公司股价暴跌的总影响，其影响系数仍然不显著，这说明在投资者普遍看跌某些股票的低迷情绪期，一方面，部分非理性投资者由于恐惧心理退出股票交易，市场上留下来的投资者大多是理性或老练的投资者，这种理性的投资风格可能会感染公司管理者；另一方面，投资者低迷的悲观情绪，也会大大打击管理者的过度自信，使得公司管理者在决策时会更为谨慎和理性。因此，不断低迷的投资者悲观情绪无法塑造"管理者过度自信"。在管理者理性或谨慎的情况下，为了调动投资者情绪，管理者可能会进行盈余管理，来提升公司价值，或者通过坏消息隐藏等手段，推迟坏消息的公布等，这些行为，都会增加公司未来股价暴跌的概率。在投资者悲观情绪下，投资者对坏消息又存在过度反应，一旦有坏消息或坏消息流言出现，投资者会抛售股票，加剧公司股价暴跌的风险。

表 6-4-8 基于投资者情绪异质性实证分析的模型 6-1、6-2、6-3 估计结果

	投资者乐观情绪					投资者悲观情绪				
	模型 6-1		模型 6-2	模型 6-3		模型 6-1		模型 6-2	模型 6-3	
	(1)	(2)	(3)	(4)	(5)	(6)	(7)	(8)	(9)	(10)
	Ncskew$_{t+1}$	Duvol$_{t+1}$	Sent_MA	Ncskew$_{t+1}$	Duvol$_{t+1}$	Ncskew$_{t+1}$	Duvol$_{t+1}$	Sent_MA	Ncskew$_{t+1}$	Duvol$_{t+1}$
SENT	0.140***	0.131***	0.498*	0.138***	0.129***	0.424***	0.377***	−0.299	0.423***	0.377***
	(−0.0475)	(−0.0401)	−0.289	(−0.0475)	(−0.0401)	(−0.0553)	(−0.0444)	−0.406	(−0.0553)	(−0.0444)
Sent_MA				0.104**	0.100**				0.045	0.00851
				(−0.0499)	(−0.0421)				(−0.0781)	(−0.0627)
SIGMA	2.361***	2.090***		2.361***	2.091***	1.637	0.864		1.625	0.862
	(−0.885)	(−0.748)		(−0.885)	(−0.748)	(−1.236)	(−0.993)		(−1.236)	(−0.993)
DTURN	0.0103	0.0232		0.00709	0.02	0.0763	0.0701*		0.0758	0.0700*
	(−0.0308)	(−0.026)		(−0.0309)	(−0.0261)	(−0.0514)	(−0.0413)		(−0.0514)	(−0.0413)
RET	10.67***	7.302***		10.72***	7.356***	20.06***	16.70***		20.08***	16.70***
	(−2.121)	(−1.792)		(−2.12)	(−1.791)	(−3.612)	(−2.902)		(−3.613)	(−2.903)
Ncskew	0.0743***	0.0550***		0.0745***	0.0551***	0.0924***	0.0644***		0.0921***	0.0644***
	(−0.0167)	(−0.0141)		(−0.0167)	(−0.0141)	(−0.0198)	(−0.0159)		(−0.0198)	(−0.0159)
DA	0.0327	0.0241		0.0345	0.0258	0.225**	0.163*		0.224**	0.163*
	(−0.0757)	(−0.0639)		(−0.0757)	(−0.0639)	(−0.106)	(−0.0854)		(−0.106)	(−0.0854)

续表

	投资者乐观情绪						投资者悲观情绪			
	模型 6-1		模型 6-2	模型 6-3		模型 6-1		模型 6-2	模型 6-3	
	(1) Ncskew$_{t+1}$	(2) Duvol$_{t+1}$	(3) Sent_MA	(4) Ncskew$_{t+1}$	(5) Duvol$_{t+1}$	(6) Ncskew$_{t+1}$	(7) Duvol$_{t+1}$	(8) Sent_MA	(9) Ncskew$_{t+1}$	(10) Duvol$_{t+1}$
ROA	0.330** (−0.149)	0.242* (−0.126)		0.334** (−0.149)	0.245* (−0.126)	(−0.557) (−0.394)	−0.740** (−0.317)		−0.556 (−0.394)	−0.740** (−0.317)
SIZE	0.146*** (−0.016)	0.143*** (−0.0135)		0.144*** (−0.016)	0.141*** (−0.0136)	0.0733*** (−0.0175)	0.0768*** (−0.0141)		0.0728*** (−0.0175)	0.0767*** (−0.0141)
STATE	0.0622* (−0.0335)	0.0971*** (−0.0283)		0.0656* (−0.0335)	0.100*** (−0.0283)	−0.0345 (−0.0355)	−0.0204 (−0.0286)		−0.0335 (−0.0356)	−0.0202 (−0.0286)
co_age	−0.0175 (−0.0226)	−0.0255 (−0.0191)		−0.0144 (−0.0227)	−0.0226 (−0.0192)	−0.0984*** (−0.0295)	−0.0861*** (−0.0237)		−0.0978*** (−0.0295)	−0.0860*** (−0.0237)
LEV	−0.116 (−0.08)	−0.170** (−0.0676)	2.979*** (−0.938)	−0.113 (−0.08)	−0.168** (−0.0676)	0.252** (−0.112)	0.144 (−0.0901)	0.698 (−1.632)	0.252** (−0.112)	0.144 (−0.0901)
HHI5			−13.48*** (−3.089)					−5.698* (−3.003)		
GGCG			−1.487 (−1.09)					0.0528 (−2.788)		

	投资者乐观情绪							投资者悲观情绪				
	模型 6-1		模型 6-2	模型 6-3		模型 6-1		模型 6-2	模型 6-3	
	(1)	(2)	(3)	(4)	(5)	(6)	(7)	(8)	(9)	(10)
	Ncskew$_{t+1}$	Duvol$_{t+1}$	Sent_MA	Ncskew$_{t+1}$	Duvol$_{t+1}$	Ncskew$_{t+1}$	Duvol$_{t+1}$	Sent_MA	Ncskew$_{t+1}$	Duvol$_{t+1}$
DDSIZE			−0.365 (−0.303)					0.0313 (−0.304)		
GENDER			0.0219 (−0.0308)					0.0108 (−0.0385)		
AGE			0.259*** (−0.0648)					0.0804 (−0.0909)		
Year	Control										
Industry	Control										
Observations	4,934	4,934	1,070	4,934	4,934	4,449	4,449	479	4,449	4,449
R-squared	0.045	0.055	302	0.046	0.056	0.085	0.084	131	0.085	0.084
Number of code										

注：*、**和***分别表示在10%、5%和1%的置信水平下显著。括号内为 t 值。

第五节 本章小结

本章基于管理者有限理性的视角，基于中国股票市场2012—2016年A股上市公司的数据，不再紧紧依赖"完全理性人"的假设，在同一维度研究了投资者情绪与管理者过度自信，实证检验了投资者情绪对公司股价暴跌风险影响的中介渠道。进一步放松"投资者同质情绪"假设，本书考虑投资者情绪的异质性，通过区分投资者乐观情绪和悲观情绪，分别检验了投资者乐观、悲观的情绪对股价暴跌风险的影响，以及管理者过度自信这一中介效应的存在性。实证结果表明：(1) 随着某公司股票的投资者情绪的高涨，该高涨的投资者情绪会感染该公司的管理者，使其产生高涨的管理者过度自信，进而加大该公司未来发生股价暴跌的概率。(2) 在投资者情绪影响公司股价暴跌风险的过程中，公司的管理者过度自信确实部分发挥了中介效应作用。(3) 无论是投资者高涨的乐观情绪，还是投资者低迷的悲观情绪，都会加剧上市公司未来的股价暴跌风险。(4) 投资者情绪的高涨能够感染公司的管理层，塑造"管理者过度自信"，反之，无显著证据支持投资者悲观情绪能够塑造"管理者过度自信"。(5) 在投资者乐观情绪下，管理者过度自信具有中介效应，反之，在投资者悲观情绪下，管理者过度自信不具有中介效应。

第七章

分析师乐观偏差、投资者情绪与公司股价暴跌风险

第一节 本章引言

作为股票市场中相当重要的外部治理部分，证券分析师一直备受关注。从20世纪初开始，Jensen和Meckling（1976）就曾经在文献中提到了证券分析师在未来的重要性，他们认为证券分析师在将来不仅能够监督公司的行为，还可以促进公司提高信息的可信度，并优化企业治理。在当今市场中，分析师也曾经被大众质疑，其原因是他们有时会存在过度乐观、随意变脸，甚至盲目从众等情况。名嘴抑或黑嘴需要政府和证券监管部门监督引导。本章的研究，试图还原证券分析师的真实面貌，理性刻画分析师的非理性行为及其内生根源，以及他们与股票市场公司股价暴涨暴跌之间的内生路径。这样以便政府及证券监管部门找到症结，合理激励和监管证券分析师，建立更加具有针对性的奖励机制和惩罚机制，积极促进分析师将公司的实际情况传递给投资者，使负面消息的爆发对市场以及企业的冲击得以缓解，降低负面消息的影响力度，从而保障中小投资者的利益。

为回答上述问题，本章将从三个层面展开分析：一是论证投资者情绪对分析师盈利预测行为的传染效应，即股票市场上蔓延的投资者情绪是否会影响"专业型"证券分析师的盈利预测工作，存在扭曲理性分析师对公司经营状况与发展表现的认知与判断的情绪传染能力；二是深入挖掘投资者情绪传染效应的影响机制与内在机理，梳理投资者情绪是通过何种路径传染给分析师，引发分析师的乐观情绪偏差的；三是刻画分析师的乐观情绪偏差给公司未来资产价格带来的暴跌风险冲击，评估投资者情绪传染效应对公司股价未来暴跌风险的影响，辨析分析师乐观情绪在投资者情绪加剧公司股价暴跌的过程中是否发挥部

分中介效应。本章基于前述章节的理论铺垫,结合中国资本市场的经验数据,围绕证券分析师"是否有限理性"这一核心问题展开检验和论证,以期探究分析师的有限理性行为的源头和逻辑,阐明分析师乐观偏差加剧公司股价暴跌的逻辑与路径。

第二节 研究背景与研究假设

(一)市场投资者情绪与分析师乐观偏差

证券分析师作为我国股票市场重要的市场参与者,其分析决策行为的作用与有效性受到学者的广泛关注。以往文献大多基于"分析师是完全理性人"这一前提,立足于理性因素视角来解释分析师群体的系统性乐观偏差,例如,分析师主观层面的利益驱动、声誉诉求等,又如客观层面的公司治理表现、信息披露质量等。随着行为金融理论的发展,各国学者通过实证检验,证明了分析师并不是完全理性的,从而否定了这一前提的合理性。如 Hribar 和 McInnis (2012)、伍燕然等(2016)的研究表明,分析师在预测盈利时,市场情绪也是影响因素之一,尤其是市场因素中的投资者情绪。证券分析师虽然具备专业的知识基础,但受限于固有存在的有限理性特征,他们与普通投资者一样可能存在认知偏差(Easterwood 和 Nutt, 1999)及心理偏差(Sedor, 2002)。分析师日常工作的主要服务对象就是市场中的投资者,因此他们的市场情绪通过股票价格波动、社交媒体、财经报道等手段直接或间接地传染给分析师,其中所蕴含的过度乐观(悲观)的观点与高涨(低落)的情绪会不可避免地向分析师传递,甚至干扰有限理性分析师群体的认知与判断。不少学者也研究证实了投资者情绪在分析师预测行为上起着重要的影响作用,无论是基于认知心理偏差的有限理性研究视角(伍燕然等,2016),还是基于迎合投资者情绪的声誉激励研究视角(游家兴等,2017),投资者情绪都会显著地影响分析师盈利预测的乐观偏差。因此,笔者认为分析师盈利预测的乐观偏差会受到投资者情绪这一非理性因素的显著影响。当股票市场上投资者情绪较为乐观时,一方面,证券分析师基于公共信息提高对公司未来发展的信心程度,另一方面,分析师可能受到投资者乐观情绪的感染而变得更加激进甚至"过度乐观",从而发布较为乐观积极的分析报告以及存在乐观偏差的盈利预测。当股票市场上投资者情绪较为悲观时，分析师会对公司的业绩表现保持更加谨慎的态度，同时悲观的投资者情绪也会平抑分析师的乐观倾向，由此导致分析师发布乐观程度较低的盈利预测。基于上述分析，本章提出假设1，如下：

投资者情绪会显著正向影响分析师盈利预测的乐观偏差，即分析师存在投资者情绪传染效应。

（二）投资者情绪、分析师乐观偏差与公司股价暴跌风险

基于上述"投资者情绪—分析师乐观偏差"的情绪传染机制，一个重要的问题是，这种传染效应又将如何影响股票市场的公司股价暴跌风险？本章将从两个维度展开讨论，一是考察证券分析师的乐观偏差是否会显著影响公司股价暴跌风险，二是论证证券分析师的乐观倾向是否在投资者情绪影响公司股价暴跌过程中发挥中介效应，由此探究投资者情绪传染效应潜在的风险冲击。

较多的实证结果表明，证券分析师乐观偏差会显著影响股价走势。许年行等（2012）发现当证券分析师在预测过程中出现乐观倾向时，该上市公司未来的股价将会存在更加显著的暴跌风险。辛清泉等（2014）通过研究发现，如果分析师盈余预测的准确性更高，那么该上市公司未来的股价波动性会更低。整体而言，分析师对上市公司的盈余预测越乐观，该上市公司股价在当前市场的表现会越好（Womack，1996；潘越等，2011）。实际上，较高的分析师乐观偏差意味着公司信息环境的透明度较低，因为在乐观偏差的影响下，证券分析师不能及时地向外部投资者反馈公司的负面信息，导致股价不能全面准确地反映公司基本面信息。随着分析师盈余预测出现乐观偏差的频次增多，公司负面消息将不断累积，潜在的股价暴跌风险也会逐渐攀升，负面消息随着时间的累积，数量越来越多，终会被投资者识破，这也会使得股价泡沫被戳破，进一步导致股价急剧暴跌。基于上述分析，笔者认为，分析师盈利预测的乐观偏差会显著促使公司股价过度反应，即公司股价在分析师乐观情绪的支持下过度上涨，而一旦爆发潜在的负面冲击又会促使股价暴跌，因此上市公司未来的股价暴跌风险加剧。基于此，本章提出假设2。

假设2：分析师乐观偏差会显著加剧公司股价暴跌风险。

随着行为金融学的发展，越来越多的学者通过研究表明，整体市场的投资者情绪会对个体投资者的投资决策行为产生影响，信心建立和预期形成过程进一步加深了这种影响。例如，Chen等（2013）通过实证研究发现，乐观积极的市场情绪更容易感染并激发投资者的乐观情绪，进而诱发投资者的非

理性行为。悲观的市场情绪诱使投资者产生对公司未来业绩表现的悲观预期，抑制了投资者的乐观情绪，从而使股票价格受到下行压力的冲击，同时正反馈效应使得悲观情绪在投资者之间不断扩散，越来越多的投资者受到悲观情绪的感染，最终形成强大的投资者情绪。当市场整体投资者情绪较为乐观时，个体投资者会受到整体市场乐观情绪的感染而对自己持有股票的未来公司业绩过度乐观。过度乐观的投资者情绪会进一步传递和感染到证券分析师群体，促使分析师们发布带有乐观倾向的盈利预测报告。基于此，本章提出研究假设3。

假设3：股票市场投资者情绪通过影响分析师盈利预测的乐观偏差，进而影响公司股价暴跌风险，即分析师乐观偏差是个股投资者情绪加剧公司股价暴跌风险的中介变量。

第三节 研究设计与样本数据

一、样本选择和数据来源

本章选取了深沪股市2010—2020年存在的A股企业作为原始数据，证券分析师相关数据和企业的公司财务数据来自CSMAR数据库，机构持股数据选自Wind数据库。本书对数据进行了如下处理：（1）剔除预测报告发布日晚于年末资产负债表日的样本和分析师预测年度大于盈余预测报告发布年度的数据。（Clement和Tse，2005；王攀娜和罗宏，2017）；（2）剔除金融类样本公司；（3）剔除ST及ST*的公司；（4）剔除数据缺失的公司。最后，本书对连续变量进行上下1%分位数的winsorize处理，以降低异常值影响，处理后，得到共计194364条分析师盈利预测数值信息，共包含10904个年度公司样本。

二、变量定义和模型构建

（一）分析师乐观偏差

本章借鉴许年行等（2012）的研究成果构建分析师盈利预测乐观偏差指标$Sent\_AN$的度量模型，具体公式如下：

$$Sent\_AN_{i,j,t} = (FEPS_{i,j,t} - AEPS_{i,t}) / / P_i \tag{7-1}$$

其中，$Sent\_AN_{i,j,t}$ 表示分析师 j 对公司 i 在第 t 年每股盈余预测的乐观偏差程度。$FEPS_{i,j,t}$ 表示分析师 j 对公司 i 在第 t 年每股盈余的预测值；$AEPS_{i,t}$ 表示公司 i 在第 t 年每股盈余的实际值，P_i 表示公司 i 在分析师发布盈余预测前一个交易日的收盘股价。当 $Sent\_AN_{i,j,t}$ 数值为正时，说明存在向上的预测偏差，此时分析师盈利预测较为乐观。同理，当 $Sent\_AN_{i,j,t}$ 数值为负时，说明存在向下的预测偏差，此时分析师盈利预测较为悲观。$Sent\_AN_{i,j,t}$ 数值越大，意味着分析师盈利预测的乐观倾向程度越高，即分析师情绪越乐观。

（二）投资者情绪对分析师的传染效应检验模型

为了找到分析师非理性的源头，本书设计了投资者情绪传染分析师的检验模型，重点考察了分析师的乐观偏差是否会受到个股投资者情绪的驱动。本章借鉴学者们的最新研究成果（周开国等，2014；谭松涛等，2015；张宗新和吴钊颖，2021），构建模型（7-2），来验证本章的假设1：

$$Sent\_AN_{i,j,t} = \alpha_0 + \alpha_1 Sent\_IN_{i,j,t} + X_{i,j,t}^T \beta + \varepsilon 2_{i,j,t} \quad (7\text{-}2)$$

（三）分析师乐观偏差中介检验模型

在第五章中，本研究已设计模型（5-10），证明了投资者情绪能增大上市公司股价暴跌的概率。

$$Crash\_risk_{i,j,t} = \alpha_0 + \alpha_1 Sent\_IN_{i,j,t} + X_{i,j,t}^T \beta + \varepsilon 1_{i,j,t} \quad (7\text{-}3)$$

进一步，为了检验"分析师乐观偏差"是投资者情绪加剧股价暴跌风险的影响渠道，即"分析师乐观偏差"的中介效应，本书根据温忠麟等（2004）的中介效应检验程序，参考花贵如（2011）的研究模型，设计模型7-4，构建由模型（7-2）、（7-3）和（7-4）整合的递归模型，检验本章假设2和假设3：

$$Crash\_risk_{i,j,t} = \alpha_0 + \alpha_1 Sent\_IN_{i,j,t} + \alpha_2 Sent\_AN_{i,j,t} + X_{i,j,t}^T \beta + \varepsilon 3_{i,j,t}$$
$$(7\text{-}4)$$

其中 α_0 为截距，α_i 为系数，ε_i 为残差。

此外，本章还控制了可能导致分析师盈利预测乐观倾向的其他因素，具体而言，各变量含义参照表7-3-1。

表 7-3-1 变量定义

变量类型	变量名称	变量代码	定义
测试变量	暴跌风险	NCSKEW	个股负收益偏态系数
		DUVOL	个股上下波动比率
	分析师乐观偏差	Sent_AN	在 t 时点分析师 j 对公司 i 最近 1 个年度的 EPS 预测的乐观偏差
	投资者情绪	Sent_IN	个股投资者情绪复合指标。股票动量、托宾 Q、权益市账比、换手率,用这四个指标与反映公司的基本面因素进行回归,将回归残差作为单个情绪替代指标,将单个情绪替代指标采用主成分分析的方法构建公司层面的情绪复合指标
控制变量	分析师预测期间跨度	Horizon	分析师盈利预测报告的发布日距离当年年末的天数,取对数值
	股票收益波动	SIGMA	公司第 t 年周特定收益的标准差
	投资者异质信念	DTURN	个股的年平均超额换手率,为第 t 年股票的月平均换手率与第 t-1 年股票的月平均换手率的差
	平均周特定收益率	RET	股票平均周特定收益率
	上一期负收益偏态系数	NCSKEW	t-1 期个股负收益偏态系数
	上市年限	Co_age	以上市公司的上市年度衡量,并取其自然对数
	公司透明度	DA	以可操纵应计利润的绝对值,琼斯修正模型计算
	资产负债率	LEV	总负债除以总资产
	资产收益率	ROA	当年净利润除以当年总资产
	企业规模	SIZE	期末总资产自然对数
	产权性质	STATE	国有上市公司取 1,反之取 0
	股权集中度	HHI5	前五大股东持股比例的平方和
	高管持股比例	Ggcg	高管持股数量除以年末公司总股本
	行业虚拟变量	Ind	控制不同行业的影响因素
	年度虚拟变量	Year	控制不同时期的宏观因素

第四节 实证检验与结果分析

一、描述性统计

由描述性统计结果表 7-4-1 可以看出，分析师盈余的乐观偏差均值是 0.8（中值是 0.5），这表明证券分析师的盈余预测行为呈现明显的乐观偏差的特征，其中，约 75% 的证券分析师对上市公司的未来盈利能力持乐观态度，因而发布了存在乐观偏差的研究报告。这一结果与许年行等（2012）、游家兴等（2017）、张宗新和吴钊颖（2021）的研究结论相一致。

表 7-4-1　主要变量描述性统计

variable	N	mean	sd	p25	p50	p75	min	max
Sent_AN	1639	0.800	0.210	0	0.500	0.832	-0.109	4.168
$NCSKEW_{t+1}$	1639	-0.286	0.641	-0.641	-0.248	0.103	-2.707	1.792
$DUVOL_{t+1}$	1639	-0.198	0.448	-0.505	-0.185	0.101	-1.533	1.253
Sent_IN	1639	0.167	0.665	-0.251	0.0620	0.459	-1.487	7.822
Horizon	1639	5.504	0.248	5.345	5.575	5.673	3.611	6.144
SIGMA	1639	0.0540	0.0190	0.0420	0.0510	0.0630	0.0190	0.163
DTURN	1639	-0.956	1.911	-0.922	-0.922	-0.922	-38.28	33.64
RET	1639	0.00300	0.00800	-0.00200	0.00200	0.00800	-0.0170	0.0330
NCSKEW	1639	-0.284	0.618	-0.617	-0.251	0.0920	-2.707	1.653
DA	1639	0.0650	0.0810	0.0210	0.0430	0.0860	0	1.696
ROA	1639	0.0610	0.0500	0.0260	0.0490	0.0870	-0.365	0.381
SIZE	1639	23.21	1.187	22.38	23.17	23.94	20.13	27.86
STATE	1639	0.564	0.496	0	1	1	0	1
Co_age	1639	2.914	0.250	2.708	2.944	3.135	2.485	3.296
LEV	1639	0.472	0.191	0.330	0.473	0.616	0.0420	0.948
HHI5	1639	0.183	0.126	0.0950	0.153	0.260	0.00900	0.696
GGCG	1639	0.0260	0.0740	0	0	0	0	0.493

二、回归结果分析

表 7-4-2 列出基于模型（7-2）(7-3)（7-4）计算出的投资者情绪与公司股价暴跌风险中介效应检验回归结果。首先，从表 7-4-2 的第（1）（2）列[模型（7-3）的检验结果]可以看出，分析师乐观偏差的回归系数为 0.091 和 0.124，均在 1% 的水平上显著，表明证券分析师的盈余预测乐观偏差和公司股价暴跌风险之间有着显著的正相关关系。从该结果可知，分析师盈余预测报告的乐观倾向会支持或鼓吹公司股价过度上涨，同时还会进一步加剧股票收益未来的暴跌风险，一旦潜在的负面消息集中释放，就会触发公司股价的暴跌，因此，本章假设 2 证明成立。

表 7-4-2 实证检验结果

	模型 7-3		模型 7-2	模型 7-4	
	（1）	（2）	（3）	（4）	（5）
	NCSKEW$_{t+1}$	DUVOL$_{t+1}$	Sent_AN	NCSKEW$_{t+1}$	DUVOL$_{t+1}$
Sent_IN			0.00710***	0.119***	0.0837***
			(0.00185)	(0.0309)	(0.0207)
Sent_AN	0.091***	0.124***		0.0484**	0.0325**
	(0.007)	(0.004)		(0.0076)	(0.00515)
Horizon	0.00510	0.0116	0.0106**	0.00657	0.0126
	(0.0933)	(0.0638)	(0.00491)	(0.0925)	(0.0633)
SIGMA	-9.813***	-5.357***	0.0434	-10.74***	-6.010***
	(1.528)	(0.997)	(0.0435)	(1.533)	(1.002)
DTURN	0.0128**	0.0140***	1.00e-05	0.0126**	0.0139***
	(0.00531)	(0.00505)	(9.52e-05)	(0.00540)	(0.00500)
RET	-5.649*	-8.831***	-0.617***	-7.145**	-9.884***
	(2.984)	(2.149)	(0.0947)	(2.993)	(2.154)
NCSKEW$_t$	0.0232	0.0173	0.000291	0.0234	0.0174
	(0.0256)	(0.0183)	(0.000767)	(0.0255)	(0.0182)
Co_age	-0.0889	-0.0564	-0.00152	-0.130	-0.0852
	(0.0942)	(0.0644)	(0.00261)	(0.0940)	(0.0641)

续表

	模型 7-3		模型 7-2	模型 7-4	
	（1）	（2）	（3）	（4）	（5）
	NCSKEW$_{t+1}$	DUVOLt+1	Sent_AN	NCSKEW$_{t+1}$	DUVOL$_{t+1}$
DA	0.134	-0.0305	0.0107	0.0716	-0.0743
	(0.238)	(0.186)	(0.0102)	(0.228)	(0.179)
ROA	1.033**	0.782**	-0.209***	0.287	0.257
	(0.428)	(0.304)	(0.0538)	(0.473)	(0.331)
SIZE	-0.0218	-0.0225	0.00108	-0.0308	-0.0289*
	(0.0228)	(0.0159)	(0.000777)	(0.0230)	(0.0160)
STATE	-0.0219	-0.0559*	-0.000627	-0.0163	-0.0520*
	(0.0437)	(0.0312)	(0.00136)	(0.0437)	(0.0311)
LEV	0.474***	0.260**	-0.0112**	0.463***	0.252**
	(0.146)	(0.104)	(0.00483)	(0.145)	(0.103)
HHI5	-0.345**	-0.208*	0.00365	-0.362**	-0.220*
	(0.162)	(0.119)	(0.00418)	(0.162)	(0.119)
GGCG	0.436*	0.326*	0.0102	0.468*	0.348*
	(0.260)	(0.185)	(0.00650)	(0.260)	(0.185)
Year	控制	控制	控制	控制	控制
Industry	控制	控制	控制	控制	控制
N	1,639	1,639	1,639	1,639	1,639
r^2	0.1706	0.1779	0.272	0.1772	0.1846
F	5.45	5.40	5.22	5.83	5.59
p	0	0	0	0	0

注：*、**和***分别表示在10%、5%和1%的置信水平下显著。括号内为t值。

其次，表7-4-2的第（3）列［模型（7-2）的检验结果］中投资者情绪的回归系数为0.00710，并在1%的水平上显著，这说明随着该公司股票的投资者情绪的高涨，会显著感染该证券市场的分析师，使该行业分析师乐观倾向也随之高涨，本章假设1得以证明。

最后，验证"证券分析师乐观偏差的中介效应"，在这一检验中，将投资者情绪和分析师乐观偏差同时作为解释变量与股价暴跌风险指标进行回归，结果如表7-4-2的第（4）（5）列［模型（7-4）的检验结果］所示，其中，分析师乐观偏差程度分别为0.0484和0.0325，而且都在5%的水平上显著。模型（7-2）中投资者情绪系数、模型（7-4）中分析师乐观偏差系数的方向一致，均显著为正，这意味着，在某公司股票的投资者情绪影响该公司股价暴跌风险的过程中，至少有一部分显著正向影响是通过"分析师乐观偏差"的中介渠道发生作用的，即随着某公司股票的投资者情绪的高涨，该高涨的投资者情绪会感染关注该公司的证券分析师，使其产生高涨的乐观情绪，进而加大该公司未来发生股价暴跌的概率，基于上述分析，我们可以得出，分析师的乐观偏差是投资者情绪影响股价暴跌的传导路径之一。乐观的投资者情绪会传染甚至助长证券分析师群体的乐观情绪，进而促使公司股价在分析师乐观情绪的渲染下过度膨胀，当公司累积的负面消息触发阈值，集中释放到股票市场，公司股价因此受到重大冲击，从而触发股价暴跌风险，本章假设3得以证明。表7-4-2的第（4）（5）列的投资者情绪系数为0.119和0.0837，而且都在1%的水平上显著，这表明在投资者情绪影响公司股价暴跌风险的过程中，证券分析师的乐观偏差确实部分发生了中介效应作用。

第五节　本章小结

本章基于中国证券分析师的独立性较差、羊群行为更严重、普遍存在盈利预测乐观偏差的特质，理论推演出他们的乐观偏差来自自身的非理性偏差。一方面，分析师的乐观偏差容易被股票市场的投资者情绪诱发和推动，因此，投资者情绪与分析师乐观偏差同向联动，投资者情绪具有传染效应。另一方面，证券市场分析师的乐观偏差也是公司股价崩盘的重要影响因素之一。基于投资者情绪对公司股价暴跌的作用机制的研究，本章试图考察分析师乐观偏差是不是投资者情绪影响股价暴跌风险的传导机制，即分析师乐观偏差是否具有中介效应。本章运用中国股票市场2010—2020年的经验证据，证实了在投资者情绪增大公司股价崩盘风险，分析师乐观偏差存在部分的中介效应，是它的中介渠道之一。

第八章

投资者情绪、机构持股与公司股价暴跌风险

第一节 本章引言

机构投资者,特别是以证券投资基金作为典型的中国机构投资者从1998年出现至今,发展速度极快,且在资本市场中起到的作用越来越大。2004年国务院针对资本市场的发展提出了相关方面的建议,我国资本市场的投资者架构可以通过引入机构投资者从而不断进行优化,上市公司也可以通过市场力量来促进其自身的成长。如今,受到机构投资者高速发展的影响,资本市场的架构也随之从早先以散户为核心转变成以机构投资人为核心,越来越贴近欧美市场。国内外都出现了资本市场投资者逐步机构化的情况,众多学者对机构投资者是否起到稳定资本市场的作用展开讨论,尚未形成一致意见(王咏梅和王亚平,2011;刘京军和徐浩萍,2012;田澍等,2012;许年行等,2013)。一些学者肯定了机构投资者在稳定资本市场方面发挥的积极作用,他们将机构投资者看作股市暴涨暴跌的"制衡器"(Hirshleifer等,1994;Cohen,2002)。实际上,机构投资者常常凭借其专家理财、信息搜集和规模等优势,在股价下跌时买入,在股价飙升时卖出,利用期间的价格差来调整内在价值,从而实现股价波动幅度越来越小的目的。持相反观点的一方认为,机构投资者有力地推动了股市突然涨跌(Patrick和Deon,2002;陈国进等,2010)。该观点认为,机构投资者不仅利用了基金的投资人买卖基金时所遇到的被动行为,还利用了市场投资者的行为金融偏差进行主动理性投资行为,从而实现了强有力的推动作用(许年行等,2013),因此,现有文献往往基于机构投资者自身特质来研究机构投资者在稳定市场方面所发挥的作用。现实情况显示,资本市场并非完全有效的,投资者情绪的剧烈波动会对实体经济产生重大影响(Dong等,2012;Hau和Lai,2013)。

在第三章研究假设4A的推演过程中，存在一个前提条件：在面对不同类型的投资者情绪时，公司决策者的体验是一致的，即不同类型的投资者情绪仍将诱发相同性质和程度的管理者过度自信或过度乐观，并进一步影响公司决策者后续的暴跌风险行为。我们根据前文关于认知失调理论的解读可以得出，若持不同意见的那个人是专家或对问题具有真知灼见，或者群体内聚力越强，个体的失调程度及其伴随的压力程度也就越大，改变自己的观念并以此作为对意见分歧的反应的倾向也就越大。

在此基础之上，我们试图扩宽假设4A中的投资者同质性这一前提的范围限制，在投资者情绪影响公司股价暴跌风险的理论框架中嵌入机构投资者的公司持股这一特定制度情境，来考察融入机构投资者情绪的机构持股情境是否对公司股价暴跌现象产生调节效应。我们试图回答，在投资者情绪对上市公司股价暴跌的影响过程中，被监管层寄予厚望的机构投资者，是股价暴跌风险的"助推器"，还是"制衡器"？如果机构投资者手中的股数有所增加，投资者情绪是会显著增大股价暴跌风险吗，还是对股价暴跌有抑制作用呢？

第二节 研究背景与研究假设

我们从第三章中费斯汀格（Festinger，1999）的认知失调理论得知，并非所有失调关系都具有相同的失调程度。那么，在社会影响的过程中，失调程度的改变究竟为何？费斯汀格认为，如果是对问题具有真知灼见的专家或者极具吸引力的个人持有不同意见时，个体的失调程度和压力就会相应增加，因而也就越倾向于改变自己的观念以此来缓解失调程度。费斯汀格的认知失调理论揭示出了影响失调程度的因素，即"谁的信念"，失调程度及压力又进一步影响了行动的程度。基于费斯汀格的上述分析方式，结合机构投资者自身特质，本章分别从理性投资者（对问题具有真知灼见）、群体内聚力这两个方面阐述机构投资者和个体投资者的情绪对企业管理者过度自信的塑造效应的区别，从而探讨由此引致的后续的坏消息窖藏等决策行为的差异，试图揭示机构投资者在这一制度情境如何介入管理者过度自信进而影响公司股价暴跌风险的过程。

从持不同意见的那个人是专家或对问题具有真知灼见的角度来看，机构投资者也可以被称为理性投资者，他们的规模优势突出，信息来源广泛，具有较强的投资组合以及理性分析能力。依据费斯汀格的认知失调理论，机构投资者在判断公司未来股价暴跌风险时更加准确和客观,他们是这一领域的"专家"。在对公司未来风险进行判断时,如果公司管理者和机构投资者观念不一致,公司管理者将会产生强烈的认知失调。不同于机构持股规模以及数量都较小的公司,在机构重仓持有的公司中,公司管理者信念和行为与"专家"的"真知灼见"背离越多,公司管理者的失调程度及其伴随的压力程度将越大,为缓解失调程度以及减轻压力,公司管理者将会产生强烈的改变原有信念的需求,并倾向于调整相应管理决策和信息披露行为。

从持不同意见的个体或群体具有吸引力的角度来看,相对于个体投资者,机构投资者可以采取多种方式影响管理者决策,例如,代理投票权、同管理层直接协商、将公司置于公众关注之下等。根据信息经济学理论,机构投资者在向市场传递信息的时候,如果采用了知情人交易这一方式,在提高关注的同时还会引发"羊群效应",这将会对公司管理层施加强大的心理刺激,从而起到"威慑"作用。机构持股会增强机构投资者群体的"内聚力"及其影响力,进而"塑造"和调节管理者过度自信,并进一步影响公司未来股价暴跌风险。基于社会心理学的社会影响理论、认知失调理论,结合机构投资者的特征,本章提出以下研究假设:

假设(8-1):在投资者情绪与公司股价暴跌风险关系中,机构投资者扮演了"稳定器"的角色,并且该方面的稳定效应至少部分是通过管理者过度自信的中介渠道而发挥作用的。这包括以下两个子假说:H(8-1)a检验机构投资者是否具有"稳定效应",H(8-1)b检验机构投资者的"稳定效应"的传导路径。

H(8-1)a:投资者情绪对公司股价暴跌风险具有显著正向影响,这种影响在机构重仓持股的上市公司中相对较弱;

H(8-1)b:机构投资者通过"管理者过度自信"这一媒介,或多或少在调节投资者情绪对公司股价暴跌风险的影响过程中发挥作用。

第三节 研究设计与样本数据

一、模型的设计与说明

第六章验证了在投资者情绪影响股价暴跌时,"管理者过度自信"发挥了中介效应，以这个结论作为基石，本节以机构持股特征作为调节变量，从而更深层次地对其影响进行相关剖析。根据温忠麟（2006）对有中介的调节效应的检验，将投资者情绪与机构持股比例的交乘项（Sent_IN*INSH）引入模型（6-1）、（6-2）、（6-3），构建下列三个递推模型（8-1）、（8-2）、（8-3），来检验有中介的调节效应。

根据上节的有中介的调节效应检验方法，对模型（8-1）、（8-2）、（8-3）进行检验：

$$Crash\_risk = \alpha_0 + \alpha_1 * Sent\_In + \alpha_2 * INSH + \alpha_3 Sent\_IN * INSH + \sum Control + \varepsilon_1 \tag{8-1}$$

$$Sent\_MA = \alpha_0 + \alpha_1 * Sent\_In + \alpha_2 * INSH + \alpha_3 Sent\_IN * INSH + \sum Control + \varepsilon_2 \tag{8-2}$$

$$Crash\_risk = \alpha_0 + \alpha_1 * Sent\_In + \alpha_2 * INSH + \alpha_3 Sent\_IN * INSH + \alpha_4 * Sent\_MA + \sum Control + \varepsilon_3 \tag{8-3}$$

第一步，对模型（8-1）进行检验，当 Sent_IN*INSH 的回归系数显著时，说明机构持股（INSH）存在调节效应，继续第二步；当 Sent_IN*INSH 的回归系数不显著时，即机构持股（INSH）不存在中介的调节效应，终止检验。

第二步，对模型（8-2）进行检验，当 Sent_IN*INSH 的回归系数显著时，说明机构持股（INSH）在管理者过度自信（Sent_MA）和投资者情绪（Sent_IN）的关系中存在调节效应，继续第三步；当 Sent_IN*INSH 的回归系数不显著时，即机构持股（INSH）不存在中介的调节效应，终止检验。

第三步，对模型（8-3）进行检验，当 Sent_IN*INSH 的回归系数显著时，说明机构持股（INSH）对股价暴跌风险（Crash_risk）和投资者情绪（Sent_IN）的关系的调节效应有一部分是通过管理者过度自信（Sent_MA）起中介效应的，如果此时，Sent_IN*INSH 的回归系数显著，说明 Sent_MA 起部分中介效应，如果此时 Sent_IN*INSH 的回归系数不显著，说明 Sent_MA 起完全中介效应。

一、变量的定义与说明

本研究模型中设计的变量如表 8-3-1。

表 8-3-1 主要变量定义

变量类型	变量名称	变量代码	定义
测试变量	暴跌风险	NCSKEW	个股负收益偏态系数
		DUVOL	个股上下波动比率
	管理者过度自信	Sent_MA	持股变化量。将分红、增发配股、股权激励等情况一一除去后，如果管理层在上一年基本每股收益都是负增长率仍主动增持公司股票，取值为1，视为过度自信，反之取值为0，视为管理者悲观主义
	投资者情绪	Sent_IN	个股投资者情绪复合指标。股票动量、托宾Q、权益市账比、换手率，用这四个指标与反映公司的基本面因素进行回归，将回归残差作为单个情绪替代指标，将单个情绪替代指标采用主成分分析的方法构建公司层面的情绪复合指标
	机构持股	IHSH	将样本中机构投资者持股占比的年观测值取中位数，当观测值高于中位数时，取值为1，否则取值为0
控制变量	上市年限	Co_age	选择公司上市年度的自然对数来衡量
	股票收益波动	SIGMA	公司第t年周特定收益的标准差
	投资者异质信念	DTURN	个股的年平均超额换手率，为第t年股票与第t-1年股票的月平均换手率的差
	平均周特定收益率	RET	股票平均周特定收益率
	上一期负收益偏态系数	NCSKEW	t-1期个股负收益偏态系数
	公司透明度	DA	根据琼斯修正模型计算可操纵应计利润的绝对值
	资产负债率	LEV	总负债与总资产相除
	资产收益率	ROA	当年净利润与当年总资产相除
	企业规模	SIZE	期末总资产自然对数
	产权性质	STATE	国有上市公司取1，反之取0

续表

变量类型	变量名称	变量代码	定义
控制变量	股权集中度	HHI5	前五大股东持股比例的平方和
	高管持股比例	GGCG	高管持股数量与年末公司总股本相除
	独立董事规模	DDSIZE	独立董事的人数
	性别	GENDER	公司高管男女比例
	年龄	AGE	公司高管的年龄平均值
	行业虚拟变量	Ind	控制不同行业的影响因素
	年度虚拟变量	Year	控制不同时期的宏观因素

三、数据来源与样本选择

本书选取了 2010—2020 年 A 股上市公司的样本数据，参照已有文献，对原始样本数据进行了以下处理：（1）除去金融类上市公司；（2）除去资产负债率大于 1 的公司；（3）参照 Jin 和 Myers（2006）的做法，除去每年交易周数小于 30 的样本公司；（4）除去数据缺失的样本公司。机构持股比例数据来自锐思数据库，除此以外都来自 CSMAR 数据库。

第四节 实证检验与结果分析

一、描述性统计

本书将机构持股比例高于中位数的样本划分为"机构持股比例高"的子样本，将机构持股比例低于中位数的样本划分为"机构持股比例低"的子样本，分别对其进行描述性统计和相关性分析。机构持股比例高的样本量为4691，机构持股比例低的样本量为4692，分布较为均匀。在机构持股比例高的子样本中，管理者过度自信的均值为 0.0652，在机构持股比例低的子样本中，管理者过度自信的均值为 0.0548，机构持股比例高的子样本管理者过度自信均值较高。

表8-4-1 基于机构持股比例不同实证分析的关键变量的描述性统计

variable	全样本 N	mean	sd	机构持股比例高 N	mean	sd	机构持股比例低 N	mean	sd
$NCSKEW_{t+1}$	9383	-0.267	0.988	4691	-0.206	0.97	4692	-0.327	1.002
$DUVOL_{t+1}$	9383	-0.153	0.814	4691	-0.107	0.805	4692	-0.199	0.819
Sent_MA	9383	0.06	0.238	4691	0.0652	0.247	4692	0.0548	0.228
Sent_IN	9383	0.0233	0.509	4691	0.0555	0.519	4692	-0.00903	0.496

二、相关性分析

表8-4-2按照机构持股比例，采用皮尔森（Person）相关系数分析，结果表明，就多重共线性问题而言，每个测试变量和测试变量之间没有太多的相关关系，所以可以展开后续分析。表8-4-2的相关系数表明，在全部的样本（全样本、机构持股比例高和比例低三类）中，投资者情绪、管理者过度自信和股价暴跌风险三者之间存在相关关系，且在1%的水平上显著。相比于全样本和机构持股比例低的样本，在机构持股比例高的子样本中，管理者过度自信与股价暴跌风险的相关性虽然为正但是并不显著。在投资者情绪与管理者过度自信的相关性分析中，机构持股比例高的子样本系数为0.0783，在1%水平上显著；机构持股比例低的子样本中系数为0.113，在1%水平上显著，与机构持股比例高的子样本相比，高出不少，这或许意味着，在投资者情绪对管理者过度自信的影响过程中，机构持股比例可以起到一定的调节效应。随着机构投资者持股的增加，投资者情绪对公司管理者过度自信的影响有所减弱，即在充斥着投资者情绪的并非有效的资本市场上，机构投资者能够部分充当市场"稳定器"。

表8-4-2 基于机构持股比例不同实证分析的主要变量的相关性分析

		$NCSKEW_{t+1}$	$DUVOL_{t+1}$	Sent_MA	Sent_IN
$NCSKEW_{t+1}$	全样本	1	0.907***	0.0302***	0.152***
	机构持股比例高	1	0.911***	0.0163	0.154***
	机构持股比例低	1	0.903***	0.0422***	0.144***

续表

		NCSKEW$_{t+1}$	DUVOL$_{t+1}$	Sent_MA	Sent_IN
DUVOLt$_{+1}$	全样本		1	0.0287***	0.142***
	机构持股比例高		1	0.0215	0.145***
	机构持股比例低		1	0.034**	0.133***
Sent_MA	全样本			1	0.0958***
	机构持股比例高			1	0.0783***
	机构持股比例低			1	0.113***
Sent_IN	全样本				1
	机构持股比例高				1
	机构持股比例低				1

注：*、**和***分别表示在10%、5%和1%的置信水平下显著。

三、回归结果分析

表8-4-3报告了有中介调节效应的检验结果，根据相应的检验程序，对模型（8-1）（8-2）（8-3）进行逐步回归。

表8-4-3中第（1）列、第（2）列为模型（8-1）的回归结果，检验了机构持股在投资者情绪影响股价暴跌风险过程中的调节效应。从表中可以看出，$Sent\_IN * INSH$ 的回归系数在1%的水平上显著为负，分别为 -0.1154 和 -0.0786。当观测样本机构持股比例低于中位数时，$INSH=0$，α_1 代表投资者情绪波动对股价暴跌风险的影响程度，回归系数在1%水平上显著为正，为 0.7457 和 0.6367，说明投资者情绪对机构持股低于中位数的上市公司的股价暴跌风险有显著正向促进作用；当观测样本机构持股比例高于中位数时，$INSH=1$，$\alpha_1 + \alpha_3$ 代表投资者情绪对股价暴跌风险的影响，回归系数在1%水平上显著为正，为 0.6303（0.7457-0.1154）和 0.5581（0.6367-0.0786），低于 α_1，这意味着，与机构持股比例低的公司相比，在机构重仓持股的公司中，投资者情绪对公司股价发生暴跌的正向驱动作用要更弱。可能的解释是，机构投资者作为老练的投资人，有着专业的信息披露和鉴别机制，对上市公司的代理问题和信息隐藏行为能够更好地识别，在并非有效的资本市场中，扮演着"市场稳定器"的角色，这实际上支持了假设H（8-1）a。

表 8-4-3 中第（3）列为模型（8-2）的回归结果，检验了在投资者情绪对管理者过度自信的影响过程中，机构持股比例的调节效应。表 8-4-3 显示，Sent_IN * INSH 的系数在 1% 水平上显著为负，为 -0.2493。当观测样本为机构持股比例低的企业时，即 INSH=0，α_1 表示投资者情绪波动对管理者过度自信的影响，回归系数在 1% 水平上显著为负，为 0.5005，说明投资者情绪能够促进机构持股比例低的企业管理者过度自信；当观测样本机构持股较高时，即 INSH=1，$\alpha_1+\alpha_3$ 表示投资者情绪对暴跌风险的影响，回归系数在 1% 水平上显著为正，为 0.2512（0.5005-0.2493），小于 α_1，这意味着相对于机构持股比例低的公司，在机构重仓持股的上市公司中，在管理者过度自信的"塑造"过程中，投资者情绪能够发挥的作用不太明显。

深一层的研究，表 8-4-3 中第（4）（5）列为模型（8-3）的回归结果，检验了机构持股比例在投资者情绪通过"塑造"管理者过度自信进而影响股价暴跌风险中调节效应的存在。SENT 的系数在 1% 的水平上显著为正，为 0.7472 和 0.6383，Sent_IN * INSH 的系数在 1% 的水平上显著为负，为 -0.1152 和 -0.0783，当股价暴跌风险指标为负偏态收益系数时，Sent_MA 的回归系数在 10% 显著为正，验证了机构持股比例的高低在投资者情绪影响股价暴跌风险的过程中的确有调节效应。根据上面的描述可分析出，这和机构持股规模以及数量都较小的公司不一样，在机构重仓持股的上市公司中，这种调节效应更强，机构投资者在投资者情绪影响股价暴跌风险的关系中扮演了"稳定器"的角色，这种稳定作用至少一部分归功于"管理者过度自信"所起到的中介效应，假设 H（8-1）b 得到验证。

第五节　本章小结

本章根据中国特殊的制度背景再结合正处于转型期的资本市场这个大环境，在研究微观企业的股价暴跌风险时加入了股权特征这一要素。基于中国股票市场 A 股上市公司数据，进一步放松"同质投资者"假设，将投资者区分为机构投资者和个体投资者，根据温忠麟（2014）有调节变量的中介效应模型检验程序，实证检验机构投资者持股的股权特征和政府控制的国有产权制度背景，对投资者情绪影响公司股价暴跌风险具有调节效应。实证结果表明：相对于机构投资者持股比较低的上市公司，在机构重仓持股的公司中，投资者情绪对公司股价发生暴跌的正向驱动作用要更弱,投资者情绪对管理者过度自信的正向"塑造"能力也更弱。机构投资者在投资者情绪影响股价暴跌风险的关系中扮演了"稳定器"的角色,这种稳定作用至少一部分归功于"管理者过度自信"所起到的中介效应。

表8-4-3 基于机构持股比例不同的模型(8-1)、(8-2)、(8-3)估计结果

VARIABLES		(1) NCSKEW$_{t+1}$	(2) DUVOL$_{t+1}$	(3) Sent_MAt	(4) NCSKEW$_{t+1}$	(5) DUVOL$_{t+1}$
Sent_INt	α1	0.7457***	0.6367***	0.5005***	0.7472***	0.6383***
		(9.2703)	(7.9214)	(6.6974)	(9.4004)	(8.0524)
INSHt	α2	0.0733*	0.0461	0.0856*	0.0729*	0.0458
		(1.7656)	(1.2793)	(1.8876)	(1.7556)	(1.2639)
Sent_INt*INSHt	α3	-0.1154***	-0.0786***	-0.2493***	-0.1152***	-0.0783***
		(-4.0801)	(-3.5985)	(-3.1580)	(-4.0871)	(-3.5993)
Sent_MAt	α4				0.0490*	0.0495
					(1.6965)	(1.5099)
SIGMAt	α5	0.5626	0.9856		0.4945	0.9167
		(0.5267)	(1.0288)		(0.4513)	(0.9489)
DTURNt	α6	-0.1336***	-0.0862***		-0.1337***	-0.0862***
		(-4.2132)	(-3.5038)		(-4.1684)	(-3.4755)
RETt	α7	7.1796*	10.5835***		7.2533*	10.6579***
		(1.7492)	(3.7740)		(1.7597)	(3.7620)
NCSKEWt	α8	-0.1605***	-0.0893***		-0.1604***	-0.0892***
		(-4.5679)	(-4.9402)		(-4.5459)	(-4.9055)
DAt	α9	0.0383	-0.0006		0.0378	-0.0011
		(0.9194)	(-0.0119)		(0.9022)	(-0.0222)
ROAt	α10	0.1170**	0.0877		0.1211**	0.0919*
		(1.9752)	(1.5621)		(2.1030)	(1.6548)
STATEt	α11	-0.0602	-0.0074		-0.0633	-0.0105
		(-0.6989)	(-0.1370)		(-0.7155)	(-0.1855)
Co_aget	α12	-0.3844***	-0.4524***		-0.3897***	-0.4577***
		(-5.5392)	(-5.3413)		(-5.8393)	(-5.4547)
SIZEt	α13	0.3705***	0.3625***	0.3197***	0.3710***	0.3629***
		(8.5038)	(9.9502)	(12.2216)	(8.4723)	(9.9355)

续表

VARIABLES		(1) NCSKEW$_{t+1}$	(2) DUVOL$_{t+1}$	(3) Sent_MA$_t$	(4) NCSKEW$_{t+1}$	(5) DUVOL$_{t+1}$
LEV$_t$	α14	−0.0150 (−0.1324)	−0.0100 (−0.1119)	−0.9194*** (−7.2431)	−0.0148 (−0.1298)	−0.0098 (−0.1090)
HHI5$_t$	α15			−2.3985*** (−11.4894)		
GGCG$_t$	α16			2.1608*** (16.6546)		
DDSIZE	α17			0.0420 (1.1346)		
GENDER$_t$	α18			0.0075* (1.8778)		
AGE$_t$	α19			−0.0475*** (−6.2964)		
Constant	α20	−7.6986*** (−7.7306)	−7.2660*** (−9.4929)		−7.6945*** (−7.7095)	−7.2619*** (−9.4523)
Year		控制				
Industry		控制				
Observations		9,383	9,383	9,383	9,383	9,383
R-squared		0.1149	0.1213		0.115	0.1215

注：*、**和***分别表示在10%、5%和1%的置信水平下显著。括号内为t值。

第九章

产权性质与公司股价暴跌风险

第一节 研究背景与研究假设

与国外成熟资本市场相比，我国上市公司多数具有国有上市公司的产权情境，这与我国资本市场处于经济转型的背景有着密切关系，其初衷是改制国有上市公司并使其摆脱困境。经过大规模改革后逐渐降低了民营企业的上市门槛，由审批制变革为核准制，并开创了创业板，使得大量民营企业得以进入资本市场。国有上市企业在资本市场资源配置中占据主要地位的现实情况并没有改变。政府通过对国有上市公司的控股，有能力、有动机对上市公司的经营管理决策产生重大影响（郝颖等，2010；辛清泉等，2007；花贵如等，2014；周中胜和罗正英，2011；唐玮，2017）。首先，从本质上看，国有上市公司的所有权由人民群众享有，控制权结构从计划经济时代的国家或政府直接管辖到设立国有资产管理部门专职受托管理，这一"扩权让利"的变化过程具有明显的时代背景，也带来了委托代理的问题。国有资产管理部门作为国有上市公司的股东，对企业经营决策和管理层任命有着绝对控制权，国企管理者则负责具体的经营管理，由此形成了"人民—国家—地方政府—国有上市公司"的委托代理结构（陆跃祥和游五洋，2000）。这种结构带来的一个问题就是国有股东的"虚位"，由于国有资产管理部门属于政府职能机构的一员，既缺乏企业治理的独立性又不享有剩余索取权，导致其缺乏在监督和激励管理者方面的动力和积极性，信息不对称和相关成本的限制也使其难以有效履行股东职责（陆跃祥和游五洋，2000），因此，这样的背景导致了内部人控制局面的形成，实质上掌控公司的高管迎来了利益寻租的便利和渠道。与民营上市公司相比，国有上市公司由于大股东的实质性缺位，导致了国企管理者有更强能力掩盖公司的真实经营情况，获取控制权私利。其次，除一般企业的营利性目标是股东权益最大化之外，国有上市公司承担着更多社会责任，譬如稳定物价和保障就业等。其经营更多是为了促进经济和社会的健康发展，发挥更多社会职能。长期以来，我国以经济增长作为考核地方政府政绩的指标之一，这种考核方式往往会造成地方政府为实现经济发展而过多插手上市公司经营管理的局面。我国国有资产管理者往往采用直接任命的方式来管理国有上市公司，国企高管在参与企业经营管理的过程中，还发挥着潜在的国家治理效应，这一特征使其发展带有政治责任。我国长期以来追求经济快速发展，这一目标使得国有上市公司与地方政府的关系越来越紧密。最后，与民营上市公司存在强烈的监督激励机制不同，国有上市公司的管理者缺乏激励，主要在于国有股权社会福利最大化的目标以及管理层的业绩均难以量化处理，管理者很可能会出现"搭便车"行为。国企深化改革后，对高管薪酬进行了管制，超额薪酬的现象得到遏制，管制后的薪酬水平大幅下降，这也导致国企激励存在诸如过度在职消费和腐败等利益寻租的情形。随着股权活跃度不断升高，高管利用股权激励使自身利益最大化成为可能，在这种情况下内部人往往会操纵股权激励的实施。随着管理者进行盈余操纵优化行权成本的降低，其操纵盈余以提升薪酬的动机上升，股权激励便沦落为"利益寻租"的产物（权小锋等，2010）。与国有上市公司相比，民营上市公司受上述因素影响的可能性较小。民营上市公司有着自负盈亏、权责分明的特征，主要是以营利为目的，因此大股东掌握着企业的经营剩余权利。与国有上市公司相比，民营上市公司在激烈的竞争环境中表现出较强的监督和激励意愿，受到充分激励的大股东致力于公司经营，公司内部治理效率得到提升。大多数学者研究发现，国企的股权激励方案受到政策约束和内部人控制等多方面的限制，表现为福利型，民营上市公司方案的激励特性更为明显。这种股权激励特性上的差别使得投资者情绪对国有上市公司的影响更强，因此，基于认知失调理论和社会影响理论，结合中国资本市场国有体制的产权性质情境，本书提出有待检验的研究假设（9-1）。

假设（9-1）：投资者情绪对公司股价暴跌风险具有显著的正向影响，这种影响在国有产权的上市公司中相对更强。

第二节 研究设计与样本数据

一、模型构建

上章将机构持股特征引入投资者情绪影响股价暴跌风险的关系中，验证了有中介的调节效应模型。本章进一步引入产权性质特征作为调节变量进行分析。根据有中介的调节效应检验方法（温忠麟，2006），在模型（8-1）、（8-2）、（8-3）中引入投资者情绪与产权性质的交乘项（$Sent\_IN * State$），构建下列三个递推模型（9-1）、（9-2）、（9-3），来检验有中介的调节效应。

根据第八章第一节中有中介的调节效应检验方法，依次对模型（9-1）、（9-2）、（9-3）进行检验。

第一步，对模型（9-1）进行检验，若 $Sent\_IN * State$ 的回归系数显著，说明产权性质（State）存在调节效应，进行第二步；若 $Sent\_IN * State$ 的回归系数不显著，则说明产权性质不存在中介的调节效应，终止检验。

$$Crash\_risk = \alpha_0 + \alpha_1 * Sent\_IN + \alpha_2 * State + \alpha_3 Sent\_IN * State + \sum Control + \varepsilon_1 \tag{9-1}$$

$$Sent\_MA = \alpha_0 + \alpha_1 * Sent\_IN + \alpha_2 * State + \alpha_3 Sent\_IN * State + \sum Control + \varepsilon_2 \tag{9-2}$$

$$Crash\_risk = \alpha_0 + \alpha_1 * Sent\_IN + \alpha_2 * State + \alpha_3 Sent\_IN * State + a_4 * Sent\_MA + \sum Control + \varepsilon_3 \tag{9-3}$$

第二步，对模型（9-2）进行检验，若 $Sent\_IN * State$ 的回归系数显著，说明产权性质（State）在管理者过度自信（$Sent\_MA$）和投资者情绪（$Sent\_IN$）的关系中存在调节效应，进行第三步；若 $Sent\_IN * State$ 的回归系数不显著，则说明产权性质（State）不存在中介的调节效应，终止检验。

第三步，对模型（9-3）进行检验，若管理者过度自信指标（$Sent\_MA$）显著，说明产权性质（State）对股价暴跌风险（$Crash\_risk$）和投资者情绪（SENT）的关系中的调节效应有一部分是通过管理者过度自信（$Sent\_MA$）起中介效应。如果此时，$Sent\_IN * State$ 显著，说明管理者过度自信（$Sent\_MA$）起部分中介作用，如果此时 $Sent\_IN * State$ 不显著，说明管理者过度自信（Sent

_MA）起完全中介作用。

二、变量的定义与说明

本研究模型中设计的变量如表9-2-1。

表9-2-1　主要变量定义

变量类型	变量名称	变量代码	定义
测试变量	暴跌风险	NCSKEW	个股负收益偏态系数
		DUVOL	个股上下波动比率
	管理者过度自信	Sent_MA	持股变化指标。排除增发配股、分红、股权激励等情况，若在上一年基本每股收益增长率为负数的情况下，高管若主动增持公司股票，取值为1，视为管理者过度自信，反之取值为0，视为管理者悲观主义
	投资者情绪	Sent_IN	个股投资者情绪复合指标。股票动量、托宾Q、权益市账比、换手率，用这四个指标与反映公司的基本面因素进行回归，将回归残差作为单个情绪替代指标，将单个情绪替代指标采用主成分分析的方法构建公司层面的情绪复合指标
	产权性质	STATE	国有上市公司取1，反之取0
控制变量	上市年限	Co_age	以上市公司的上市年度衡量，并取其自然对数
	股票收益波动	SIGMA	公司第t年周特定收益的标准差
	投资者异质信念	DTURN	个股的年平均超额换手率，为第t年股票的月平均换手率与第t-1年股票的月平均换手率的差
	平均周特定收益率	RET	股票平均周特定收益率

续表

变量类型	变量名称	变量代码	定义
控制变量	上一期负收益偏态系数	NCSKEW	t-1期个股负收益偏态系数
	公司透明度	DA	以可操纵应计利润的绝对值，琼斯修正模型计算
	资产负债率	LEV	总负债除以总资产
	资产收益率	ROA	当年净利润除以当年总资产
	企业规模	SIZE	期末总资产自然对数
	股权集中度	HHI5	前五大股东持股比例的平方和
	独立董事规模	DDSIZE	独立董事的人数
	高管持股比例	GGCG	高管持股数量除以年末公司总股本
	年龄	AGE	公司高管的年龄平均值
	性别	GENDER	公司高管男女比例
	年度虚拟变量	Year	控制不同时期的宏观因素
	行业虚拟变量	Ind	控制不同行业的影响因素

三、数据来源与样本选择

本章选取了2010—2020年上市公司的样本数据，因需要用到滞后一期的数据，实际选取了2011—2020年的样本数据，参照已有文献，对原始样本数据进行了以下处理：（1）剔除金融类上市公司；（2）剔除资产负债率大于1的上市公司；（3）剔除年交易周数小于30的上市公司（Jin和Myers，2006）；（4）剔除数据缺失的上市公司。数据来源于国泰安CSMAR数据库。

第三节 实证检验与结果分析

一、描述性统计

根据产权性质，本书将全样本公司分为国有上市公司与民营上市公司。从表9-3-1主要变量的描述性统计来看，在研究的9383个样本中，国有上市公司的样本量为3810,占总样本的40.6%,而民营上市公司的样本量为5573,占总样本的59.4%。就管理者过度自信的平均值与标准差而言,国有上市公司均低于民营上市公司,这说明国有上市公司的管理者受政府政策约束影响,更加保守谨慎,情绪变化较小,这也符合国有企业管理者的特征。

二、相关性分析

表9-3-2区分国有、非国有产权性质分组报告了主要变量的Pearson相关系数,由表可知,各变量之间不存在多重共线性,为后续回归打下基础。表9-3-2的相关系数表明,在全部的样本(全样本、国有上市公司和民营上市公司三类)中,投资者情绪与股价暴跌风险、管理者过度自信与股价暴跌风险之间的相关关系均是在1%水平上显著正相关。其次,就投资者情绪与管理者过度自信的相关关系而言,全样本和民营上市公司两类仍是在1%的水平上显著正相关,国有上市公司样本则是在10%的水平上显著正相关。与全样本和民营上市公司样本相比,国有上市公司管理者过度自信与股价暴跌风险的相关性为正但并不显著。在国有上市公司的子样本中,投资者情绪与股价暴跌风险在1%水平上呈正相关,且系数为0.193与0.202,要高于全样本值;在民营上市公司的子样本中投资者情绪与股价暴跌风险在1%水平上呈正相关,系数为0.0947与0.0815,要低于全样本值和国有上市公司子样本。这或许说明,相比于民营上市公司,国有上市公司所具有的特殊的政府控制的产权背景,对其管理者所受到的投资者情绪的影响具有一定的调节作用,投资者情绪对其股价暴跌风险影响相对更强。

表9-3-1 主要变量的描述性统计

变量	全样本			国有上市公司			民营上市公司		
	样本量	均值	标准差	样本量	均值	标准差	样本量	均值	标准差
$NCSKEW_{t+1}$	9383	-0.267	0.988	3810	-0.342	1.025	5573	-0.215	0.958
$DUVOL_{t+1}$	9383	-0.153	0.814	3810	-0.196	0.839	5573	-0.123	0.794
Sent_MA	9383	0.06	0.238	3810	0.0318	0.175	5573	0.0793	0.27
Sent_IN	9383	0.0233	0.509	3810	-0.189	0.513	5573	0.168	0.452

三、回归结果分析

根据上章介绍的带中介的调节效应检验程序,依次对模型(9-1)、(9-2)、

(9-3) 进行回归。表 9-3-3 报告了检验结果。

表 9-3-2 基于产权性质不同实证分析的主要变量的相关性分析

		NCSKEW$_{t+1}$	DUVOL$_{t+1}$	Sent_MA	Sent_IN
NCSKEW$_{t+1}$	全样本	1	0.907***	0.0302***	0.152***
	国有上市公司	1	0.912***	0.0069	0.193***
	民营上市公司	1	0.903***	0.0333**	0.0947***
DUVOL$_{t+1}$	全样本		1	0.0287***	0.142***
	国有上市公司		1	0.0033	0.202***
	民营上市公司		1	0.0355***	0.0815***
Sent_MA	全样本			1	0.0958***
	国有上市公司			1	0.0278*
	民营上市公司			1	0.0892***
Sent_IN	全样本				1
	国有上市公司				1
	民营上市公司				1

注：＊＊＊、＊＊、＊分别表示参数的估计值在1%、5%、10%的统计水平上显著。

表 9-3-3 中第（1）列、第（2）列为模型（9-1）的回归结果，检验了产权性质在投资者情绪影响股价暴跌风险过程中的调节效应。当 Sent_INt * STATEt 显著为正时，即 0.2390 和 0.2341，当观测样本为民营上市公司时，α_1 表示投资者情绪对股价暴跌风险的影响为 α_1 捕捉，存在显著正向影响，在1%的水平上显著，系数为 0.2262 和 0.1911，说明投资者情绪对民营上市公司的股价暴跌风险有显著正向促进作用。当观测样本为国有上市公司时，State=1，投资者情绪对股价暴跌风险的影响仅为 $\alpha_1+\alpha_3$ 捕捉，在1%水平上显著正相关，且系数为 0.4652（0.2262+0.2390）和 0.4252（0.1911+0.2341），大于 α_1 的系数。这说明与民营上市公司相比，投资者情绪对国有企业股价暴跌风险具有更强的正向驱动作用。可能的解释是，对国有上市公司而言，公司价值最大化从来都不是其追求的目标，随着投资者情绪的高涨，公司管理者一方面，更有机会通过隧道效应对中小股东进行利益侵占；另一方面，会更多地隐藏坏消息，发布好消息来迎合股价上涨需要，高涨的股价能帮助国企高管通过股权激励手段得

到福利收益，因此，投资者情绪在国有上市公司中对其股价暴跌的影响效应更强更大。

表9-3-3中第（3）列为模型（9-2）的回归结果，检验了产权性质在投资者情绪与管理者过度自信中起到的作用。由结果可知，$Sent\_IN_t * STATE_t$在1%的水平上显著为正，系数为0.2017。当样本为民营公司时，投资者情绪对股价暴跌风险的影响仅为α_1捕捉，结果在1%水平上显著，系数为0.2358，说明投资者情绪对民营上市公司的股价暴跌风险有正向促进作用。当观测样本为国有上市公司时，$State=1$，投资者情绪对股价暴跌风险的影响仅为$\alpha_1+\alpha_3$捕捉，在1%水平上显著正相关，且系数为0.4375（0.2358+0.2017），这一结果表明与民营上市公司相比，投资者情绪对国有上市企业管理者过度自信的正向"塑造"作用要更强。进一步研究，表9-3-3中（4）、（5）列为模型（9-3）的回归检验结果，检验了区分产权性质下管理者过度自信在投资者情绪影响股价暴跌风险中所起到的调节作用。Sent_IN在1%水平上显著为正，为0.2238和0.1891；$Sent\_IN_t * STATE_t$在1%水平上也显著为正，为0.2401和0.2350，并且Sent_MA的回归系数都在5%显著为正，验证了产权性质在投资者情绪影响股价暴跌风险的过程中的确有调节效应，这说明与民营上市公司相比，国有上市公司的调节效应更强。国有产权背景加剧了投资者情绪对股价暴跌风险的正面影响，使得在投资者情绪高涨时，国有上市公司的股价暴跌风险更高，并且这一影响至少部分是通过国有公司管理者的过度自信这一中介变量实现的，假设（9-1）样本得到验证。

第四节 本章小结

本章基于中国特殊的制度背景和经济处于转型期的现实情况，将产权性质引入公司股价暴跌风险的问题中进行研究。基于中国股票市场A股上市公司数据，进一步放松"同质管理者"假设，将管理者区分为国有管理者和非国有管理者。根据温忠麟（2014）有调节变量的中介效应模型检验的程序，实证检验政府控制的国有产权制度背景对投资者情绪影响公司股价暴跌风险的调节效应。实证结果表明：相对民营上市公司，在国有上市公司中，投资者情绪对公司股价暴跌风险的正向驱动作用要更强，其投资者情绪对管理者过度自信的正向"塑造"能力也更强。国有产权背景加剧了投资者情绪对公司股价暴跌风险的正向影响,使得在投资者情绪高涨时,国有上市公司的股价暴跌风险更高,这一影响,至少有一部分是通过"国有公司管理者的过度自信"的中介效应实现的。

表9-3-3 基于产权性质不同的估计结果

		(1) NCSKEW$_{t+1}$	(2) DUVOL$_{t+1}$	(3) Sent_MA$_{t+1}$	(4) NCSKEWt+	(5) DUVOL$_{t+1}$
Sent_INt	α1	0.2262***	0.1911***	0.2358***	0.2238***	0.1891***
		(5.6994)	(5.8373)	(3.8806)	(5.6360)	(5.7742)
STATEt	α2	0.0170	0.0430**	-0.6324***	0.0199	0.0454**
		(0.6914)	(2.1227)	(-10.9017)	(0.8075)	(2.2364)
Sent_INt*STATEt	α3	0.2390***	0.2341***	0.2017**	0.2401***	0.2350***
		(5.5447)	(6.5846)	(2.0035)	(5.5705)	(6.6104)
Sent_MAt	α4				0.0945**	0.0775**
					(2.1877)	(2.1750)
SIGMAt	α5	1.9035***	1.5269**		1.8898***	1.5157**
		(2.6061)	(2.5350)		(2.5877)	(2.5168)
DTURNt	α6	0.0412	0.0499**		0.0389	0.0480**
		(1.5182)	(2.2269)		(1.4330)	(2.1419)
RETt	α7	14.2304***	10.9012***		14.2332***	10.9035***
		(7.7238)	(7.1751)		(7.7269)	(7.1780)
NCSKEWt	α8	0.0760***	0.0536***		0.0756***	0.0533***
		(5.9506)	(5.0903)		(5.9200)	(5.0598)
DAt	α9	0.0872	0.0576		0.0875	0.0578
		(1.3878)	(1.1104)		(1.3919)	(1.1144)
ROAt	α10	0.2306	0.1117		0.2334	0.1140
		(1.5813)	(0.9289)		(1.6009)	(0.9483)
Co_aget	α11	-0.0644***	-0.0633***		-0.0623***	-0.0616***
		(-3.5334)	(-4.2136)		(-3.4120)	(-4.0919)
SIZEt	α12	0.1018***	0.1029***	0.3351***	0.1005***	0.1019***
		(8.7077)	(10.6736)	(12.9816)	(8.5890)	(10.5534)
LEVt	α13	0.0321	-0.0373	-0.7904***	0.0335	-0.0362
		(0.4996)	(-0.7029)	(-6.1667)	(0.5210)	(-0.6818)
HHI5t	α14			-2.0738***		
				(-10.0201)		

续表

VARIABLES		(1) NCSKEW$_{t+1}$	(2) DUVOL$_{t+1}$	(3) Sent_MA$_{t+1}$	(4) NCSKEW$_{t+1}$	(5) DUVOL$_{t+1}$
GGCGt	α15			1.8599*** (14.1452)		
DDSIZE	α16			0.0926** (2.4631)		
GENDERt	α17			0.0105*** (2.6297)		
AGEt	α18			-0.0296*** (-3.8890)		
Constant	α0	-2.3434*** (-9.1552)	-2.2275*** (-10.5532)		-2.3249*** (-9.0800)	-2.2124*** (-10.4779)
Year		控制				
Industry		控制				
Observations		9,383	9,383	9,383	9,383	9,383
R-squared		0.0483	0.0474		0.0487	0.0479

注:*、**和***分别表示在10%、5%和1%的置信水平下显著。括号内为t值。

第十章

社会网络位置与公司股价暴跌风险

第一节 本章引言

上述章节的研究告诉我们,股价暴跌与管理者的过度自信行为密切相关,管理者过度自信或过度乐观均会导致股票暴跌甚至产生股市震荡危机。管理者过度自信既受个体特征的影响,又会随着交流学习在社会网络中蔓延、传播,并在互动过程中呈现趋同现象。管理者社会网络是指一组管理者与连接他们的各种关系的集合。基于图论表达方式,管理者社会网络犹如结点与线绘制成的一张图,图中的结点代表了一个管理者,而图中的线则代表结点与结点之间的连接关系。社会网络分析的路径是研究各结点间社会关系的联结以及网络结构的特征和价值。管理者作为经济的重要组成部分,充当各类社会角色,拥有不同类型的社会关系。管理者社会网络被认为是管理者与其他社会成员之间相互联结的社会关系的集合。

管理者所嵌入的网络既是企业商业业务往来关系,又可追溯到自身个体关系。商业业务网络是基于管理者所在企业与其他企业产生商业关系而建立的各种连接,如社会、合伙人、银行等。个人网络是基于与管理者"自我"存在直接或者间接联系的关系,如同乡、校友、下属、同事以及日常来往的政府官员等。这种管理者网络特性,不仅为管理者们提供各种资源和信息,还为其提供了情感及信任,由此可见,相较于普通个体的社会网络,管理者社会网络更为错综复杂。在上述的管理者商业与个人网络中,存在一类较为重要的关系,是以社会关系形成的高管多企业任职为基础构成的网络关系。这种网络关系之下,企业既是投资者,也是被投资者,信息与资源的共享需求更为迫切。在中国,已形成了庞大的上市公司连锁高管网络,连锁高管现象十分普遍,以该网络为出发点,连锁管理者可以起到"桥"的作用,成为企业之间资源流通的通道。

基于此，本书研究的管理者社会网络是由企业之间的社会关系联结而成。文中的管理者是指年报披露中的所有高管人员，主要包括董事长、董事、总经理等。具体而言，管理者社会网络是指基于社会关系同时任职两家或多家企业的管理者在这些企业间构成的联结关系。在中国这种人情味和关系更为紧密的社会网络中，如何理性地对待管理者的社会化程度和社会背景差异化？如何来识别和刻画管理者的社会网络关系状况对其过度自信的影响？其扩散过程呈现何种规律？扩散机制与传播渠道是什么？探讨这些问题有助于从微观视角更好地认识管理者过度自信的演化和传播规律，对股票市场监管者有针对性地加强管理者素质教育、抑制非理性行为有所启示。

第二节 研究背景与研究假设

（一）管理者社会网络位置中心度、结构洞与公司股价暴跌风险

管理者社会网络的重要性体现在管理者可以获取附着在企业网络中的社会资本，这种社会资本可以通过声誉、潜在资源以及信息优势来获取。处于不同网络结构位置的管理者所能获取的镶嵌在社会网络中的社会资本存在差异，进而对其在公司的管理能力和管理行为形成了不同程度的影响（Lin，2002）。衡量网络位置的变量有多种，其中，中心度和结构洞最得学界广泛研究和认可（Powell 等，1996；Zaheer 和 Bell，2005），因此，本书以中心度和结构洞来衡量管理者在企业网络中的网络位置。

网络位置"中心度"，是衡量管理者在企业网络中重要程度的变量，中心度的高低说明了该管理者是处于企业网络的核心位置还是边缘位置，中心度越高，对各类资源获取与控制的程度也越高。中心度高的管理者在缓解自身股价暴跌风险上拥有强大的优势。根据 Lin（2002）的观点，嵌入在社会网络中的管理者所获得的社会资源，能够增强其在公司决策与管理行为中的行动效果的原因，主要有四个方面：（1）管理者的社会关系是一种被组织或代理人确认的个人的社会信用证明凭证，体现了管理者具有通过社会网络和社会关系获取各类资源的能力。管理者的社会网络中心度越高，其业内声誉越高，从而社会声望也会越大。（2）管理者的社会关系具有符号效应，可以强化社会身份的认同感。居于高中心度位置的管理者即便无法使用或动员镶嵌于社交网络上的社会资源，也能把自己的社会资本给社会成员。这种对自身身份和地位的认同，能够为管

理者带来情感支持，并且公认了其对某些资源的权利，从而能更好地改善自己的社会地位和社会声誉（Lin，2002）。（3）处于某种战略位置的管理者能得到一些不易获得的信息。管理层和控股股东决定了公司内部的信息披露，管理层拥有强烈的动机窖藏坏消息，选择或扭曲地对外披露信息。社会网络关系可以对组织的管理者施加影响（Lin，2002），如果管理者网络中心度高，就能获得更多内部信息，在公司董事会中获得更大的影响力和更强的决策"话语权"（陈运森和谢德仁，2012）。（4）社会网络关系能够对居于其中的管理者施加影响。管理者基于社会网络位置所积累的社会声望、社会资本和关系认同具有对称性，也就是说，假设居于社会网络中心位置的管理者因股价暴跌等因素而受到媒体和公众的指责，他的社会地位和声望的损失也会远远大于居于社会网络非中心位置的管理者，这一声誉机制也促使网络中心度高的管理者更积极地管理公司和谨慎决策。基于以上逻辑推理，提出本章研究假设（10-1）。

假设（10-1）：管理者的社会网络中心度越高，公司未来的股价暴跌风险越小。

网络位置"结构洞"，是指在社会网络中，无直接联系的个体之间起到桥梁作用的第三方。结构洞位置占据者会拥有信息优势和控制优势（Burt，1992；万良勇和郑小玲，2014）。居于结构洞位置的管理者所具有的信息优势和控制优势主要体现在四个方面：（1）拥有丰富结构洞的管理者可以获得信息的"通路优势"。首先，居于结构洞位置的管理者有机会在多个公司参与管理决策活动，或者与多个公司的管理者进行经验交流，从而不仅可获得更多管理决策经验和异质性信息，还能学习到各类异质性管理策略、法律事务以及风险管理等相关知识；其次，由于获得了大量的异质性资源，掌握了较为全面的异质性信息和知识，占据结构洞位置的管理者可以更好地兼顾自身与公司的利益，从而快速地、更有效率地防范股价暴跌风险。（2）拥有丰富结构洞的管理者可以获得信息的"先机优势"。结构洞带来的"先机"优势能够帮助具有结构洞位置的管理者更早地发现各种机会和掌握有利时机，更早获得有用信息，体现决策和风险防范的时效性。（3）拥有丰富结构洞的管理者可以获得"举荐优势"。现实的股票市场中充斥着各类机会，处于结构洞优势位置的管理者更容易通过他人的介绍与推荐成为候选人，从而获取更多潜在的机会。（4）拥有丰富结构洞的管理者可以获得"控制"优势。居于结构洞位置的管理者是其他网络成员之间进行相互联系的"桥梁"，因此，他拥有相关信息传递的主动权和选择权，能够决定信息是否传递以及传递的正确性等。在公司决策和管理过程中，结构洞位置的管理者可以运用该优势，阻止信息继续向第三方传递，从而减少了潜在的风险。

综上所述，结构洞位置带来的信息优势和控制优势将有助于管理者更加迅速地获取信息与机会，从而能更有效地防止和控制公司股价暴跌。基于此，本章提出假设（10-2）。

假设（10-2）：管理者占据社会网络结构洞位置能降低公司未来的股价暴跌风险。

（二）中国特色制度安排、管理者社会网络位置与公司股价暴跌风险

国有产权是一项中国特色的制度安排，社会网络作为一项非正式制度嵌入其中，对不同类型的企业会产生不同的影响。国有企业与非国有上市企业相比，其管理者由政府委派，深受政府动机和行为的影响。国有企业管理者由于其与政府的各种联系，能够获得或者调动更多的资源，因此，他对其社会网络位置中所带来的社会资本和信息优势，并没有特别重视。与之对应，非国有企业管理者由于缺乏与政府的天然联系，在资源获取上处于一种相对弱势的境地。作为企业间一种不完善制度环境的替代品，各种企业间的关系网络（如管理者政治关联网络、连锁董事网络）对非国企管理者们的社会信用建立和资源优势建立起到了积极的作用。管理者网络位置是管理者通过社会关系（包括相互持股和单方持股）所建立的一种企业间的联结形式，非国有企业管理者能够通过这些网络获取资源。对国有企业管理者来说，其网络位置的作用相较于强大的政府支持并不非常重要。综上所述，本章提出假设（10-3）。

假设（10-3）：与国有企业相比，非国有企业管理者网络位置与股价暴跌风险的负相关关系更为显著。

管理者社会网络是一种非正式的制度安排，只有在一定的制度环境下才能得以生存。区域间的市场发育程度差异大是我国区域市场化进程中的一个显著特征（樊纲等，2011），企业所处地区的市场发育水平在很大程度上决定了该企业各类资源的可获得性与便利性。不同市场化进程代表着各地不同的经济发展水平和资本自由流动程度。高市场化程度地区的特征体现在法制健全、政府行政干预较弱、要素市场和产品市场流动性强等方面。市场在正式的制度框架内分配经济资源，便于企业获取资源（沈红波等，2010），这可能会削弱作为非正式制度的管理者社会网络的影响。相反，低市场化程度地区的特征就是法制不健全，政府干预严重，管理者社会网络的作用将更容易得到发挥（Xin 和 Pearce，1996；Peng 和 Luo，2000），其对企业风险承担水平的影响也可能更大。基于以上分析，本章提出假设（10-4）。

假设（10-4）：与高市场发育程度地区相比，低市场化发育程度地区的管理者社会网络位置与股价暴跌风险的负相关关系更为显著。

（三）管理者过度自信的调节效应

一个完整的决策过程，包含三个关键要素：（1）信息优势——嵌入管理者关系网络能为企业带来收益的潜在资源；（2）信息资源——未来可得到的信息即从信息优势转化而来的信息，和现阶段已有的信息即管理者已有的专业知识、经验、私人信息等；（3）决策行为——管理者根据信息资源，在头脑中形成主观的风险收益分布，作为决策的判断基础。因此，当管理者嵌入特定网络时，在社会网络带来的信息优势对管理者决策行为影响的内在传导机制中还需考虑实际转化所能得到的信息资源。"信息优势—信息资源—决策行为"的传导过程是一个循环往复的工作，因此，在决策过程中，企业管理者还会不断评价和修正信息优势的利用程度，与管理者自身的信息处理和加工能力有着不可分割的关联性。

如果管理者是理性经济人，那么在"信息优势—信息资源—并购决策"的传导过程中，他对信息优势的利用程度就是其权衡搜集信息的成本收益后的最优选择。如果管理者并不是完全理性决策者，那么，"信息优势—信息资源—决策行为"传导过程会受到过度自信管理者非理性心理特征的影响，进而影响信息优势到信息资源的价值转变。过度自信的决策者会高估自身的知识和能力，低估可能面临的风险，过分夸大其对事件的控制能力，具体到"信息优势—信息资源"的传导过程中，过度自信的管理者可能因为没有合理利用信息优势而降低决策行为的可靠性，产生隐性损失。基于控制幻觉理论，当企业管理者过度自信时，他会产生控制幻觉，在决策过程中高估收益、低估风险，并且过分相信自己的专业判断，因此，在权衡搜索信息的成本收益过程中，主观上认定信息资源已经足够，无须再搜集额外的信息。过度自信的管理者会由于存在认知偏差而阻碍信息优势向信息资源的转化过程，使得社会网络位置所带来的信息优势不被利用。与之对应，当管理者过度自信程度降低时，他会变得相对谨慎、保守和客观，他更可能为了清晰全面地了解决策过程中的风险收益而竭尽全力搜集信息，从而实现社会网络位置所带来的信息优势的最优价值。根据上述分析，提出本章的研究假设（10-5）。

假设（10-5）：过度自信管理者会降低管理者网络位置所带来的社会资本价值，加剧企业未来股票崩盘风险。

第三节 研究设计与样本数据

一、管理者社会网络位置

本书分别采用网络中心性和结构洞指标度量管理者的社会网络位置特征。目前,已有文献对于网络中心性的衡量已经具备较为系统和公认的方法,主要指标有程度中心度、中介中心度、接近中心度和特征向量中心度等。本文借鉴陈运森(2012)的做法,计算出上述4类网络中心度指标,取其平均数(CenA)和最大值(CenX)形成的综合性网络中心性指标作为解释变量。CenA 和 CenX 越大,表明管理者越处于社会网络的核心位置。

在结构洞的衡量上,本书借鉴宋鹏(2019)的研究,以结构洞丰富程度(SH)来衡量。SH 值越大,表明管理者身处社会网络区域的结构洞越丰富。公式如下:

$$SH_i = 1 - \sum_j \left(p_{ij} + \sum_q p_{iq} p_{qj}\right)^2 \qquad (10\text{-}1)$$

其中 i 代表核心企业管理者,j 为交叉持股企业网络中除 i 企业外的其他企业管理者。q 为除 i、j 企业以外的管理者。p_{ij} 为企业 j 对企业 i 的直接约束强度。$\sum_q p_{iq} p_{qj}$ 为企业 j 对企业 i 的间接约束强度。

二、模型设计

(一)实证模型设计

为了检验假设(10-1),即管理者社会网络中心性对股价暴跌风险的影响,股价暴跌风险采用2个维度作为因变量,分别是个股负收益偏态系数(NCSKEW)和个股上下波动比率(DUVOL),管理者社会网络位置中心性也采用2个综合指标来作为自变量,分别是中心性指标的平均值和最大值。借鉴杨松令等(2019)、常晓红等人(2017)的现有研究模型并结合本章的研究目的,建立模型(10-2)检验假设(10-1)。

$$Crash_{i,t} = \beta_i + \beta_1 Centrality_{i,t} + \sum Controls_{i,t} + \varepsilon_{i,t} \qquad (10\text{-}2)$$

为了检验假设(10-2),即社会网络结构洞对股价暴跌风险的影响,在模型

(10-2)的基础上将自变量中心性（Centrality）变更为结构洞（SH），如模型(10-3)所示。

$$Crash_{i,t} = \gamma_i + \gamma_1 SH_{i,t} + \sum Controls_{i,t} + \varepsilon_{i,t} \qquad (10-3)$$

表 10-3-1　变量定义

变量性质	变量名称	变量符号	变量定义
被解释变量	股价暴跌风险	NCSKEW	经市场调整后的收益率的负偏度，衡量崩盘风险
		DUVOL	股票收益率上下波动比率
解释变量	网络中心性	CenA	4个网络中心性指标的平均值
		CenX	4个网络中心性指标的最大值
	结构洞	SH	反映网络企业把控信息的能力和掌握异质性信息的程度
	交乘项1	CenA×SOE	CenA 与 SOE 的交乘项
	交乘项2	CenX×SOE	CenX 与 SOE 的交乘项
控制变量	股权性质	SOE	若企业的最终控制人为国家取1，否则取0
	托宾Q	TQ	公司的市场价值/资产重置成本
	资产负债率	LEV	公司年末总负债/年末总资产
	净资产收益率	ROE	公司年末净利润/净资产
控制变量	股权结构	TEN	前十大股东持股比例之和
	企业规模	SIZE	年末总资产取自然对数
	市场发育程度	Marker	若企业的市场中介组织发育排序位于前16，取值为1，否则为0
	年度	YEAR	年度虚拟变量
	行业	INDUSTRY	行业虚拟变量

为了进一步探讨股权性质对社会网络中心性与股价暴跌风险的影响［假设（10-3）］，在模型（10-2）的基础上，加入股权性质和中心性与股权性质的交乘项，如模型（10-4）所示。市场发育程度的调节作用［（假设10-4）］，在模型（10-2）的基础上进行分组回归，不再列举其模型。

$$Crash_{i,t} = \alpha_i + \alpha_1 Centrality_{i,t} + \alpha_2 SOE_{i,t} + \alpha_3 Centrality_{i,t} \times SOE_{i,t}$$
$$+ \sum Controls_{i,t} + \varepsilon_{i,t} \quad (10-4)$$

（二）社会网络模型设计

本节构建的社会网络为无向无权的网络，用 N∗N 的 X 方形矩阵来表达企业之间的持股关系，若企业 X_i 持有 X_j 的股份，则 X_{ij} 取值为 1，否则取 0，n 为涉及社会关系的上市企业数量（包含单向持股企业中的持股企业与被持股企业），具体定义如模型（10-5）所示：

$$X = \begin{bmatrix} X_{11} & \cdots & X_{1n} \\ \vdots & \ddots & \vdots \\ X_{n1} & \cdots & X_{nn} \end{bmatrix} \quad (10-5)$$

通过 UCINET 社会分析软件，基于上述关系矩阵，可以计算出社会网络的结构特征指标并画出社会网络连通图。涉及社会企业的数量为网络中的结点总数，即网络的规模。持股关系形成的边的数量和，即网络的边数。

三、样本选择

本书选取了深沪股市 2010—2020 年存在交叉持股的 A 股企业作为原始数据，交叉持股数据选自 Wind 数据库，企业的财务行业数据来自 CSMAR 数据库。市场发育程度数据来自由王小鲁、樊纲和胡李鹏编写的《中国分省份市场化指数报告（2018）》，其中 2019—2020 年的数据由增长率外推得出。将社会的数据运用 VBA 编程算法，将文字数据转化为 0~1 矩阵数据。通过 UCINET 社会网络分析工具，计算出中心度和结构洞等 5 个指标。借鉴之前的相关研究，剔除了金融行业、ST 以及 *ST 的上市企业。对网络位置数据和企业财务行业数据进行筛选和预处理后，得到 8943 个年度观测值，并对连续变量上下 1% 进行了 Winsorize 处理。

第四节　实证检验与结果分析

一、描述性统计与相关性分析

（一）描述性统计

表 10-4-1 报告了主要变量的描述性统计结果。从统计结果来看，结构洞指

标均值为0.321,最大值为0.92,最小值为0,样本企业的结构洞丰富程度是有差别的。中心性综合指标的最大值和最小值差异也很大,说明样本公司管理者在社会网络中的位置差异明显,符合股票市场上市企业管理者社会关系的实际情况。中心性综合指标最大值、托宾Q以及企业规模的方差大于1,说明样本在这几个指标的差异较大。

表10-4-1 变量描述性统计

变量	样本量	均值	标准差	25%分位数	中位数	75%分位数	最小值	最大值
NCSKEW	8943	-0.331	0.675	-0.699	-0.278	0.075	-2.412	1.520
DUVOL	8943	-0.225	0.460	-0.525	-0.213	0.082	-1.394	0.930
CenM	8943	0.441	0.422	0.082	0.334	0.657	0.048	2.356
CenA	8943	0.709	0.781	0.261	0.424	0.839	0.048	4.375
CenX	8943	2.083	2.690	0.929	1.117	1.762	0.095	15.274
CenN	8943	0.133	0.257	0.000	0.000	0.169	0.000	1.145
SH	8943	0.321	0.346	0.000	0.000	0.667	0.000	0.920
TQ	8943	1.908	1.196	1.171	1.506	2.167	0.878	7.820
LEV	8943	0.479	0.209	0.319	0.488	0.642	0.056	0.938
ROE	8890	0.086	0.114	0.037	0.084	0.137	-0.448	0.415
TEN	8943	0.569	0.164	0.446	0.573	0.693	0.217	0.921
SIZE	8943	22.505	1.475	21.463	22.316	23.387	19.603	26.739

(二)相关性分析

从表10-4-2中可以看出,两个股价暴跌风险指标之间以及两个网络中心性综合指标之间的相关系数都很高,分别为0.874和0.962,且都在1%的水平上显著,说明这两者具有很高的相关性,所以都能使其分别作为企业股价暴跌风险和网络中心性的衡量指标。另外,在表10-4-2中,除了上述变量,大多数变量之间的相关系数均不高于0.45,说明模型设定并不存在严重多重共线性,可以做回归分析。

二、回归结果与分析

（一）社会网络位置特征与股价暴跌风险回归结果

管理者的社会网络位置特征与股价暴跌风险的回归结果如表 10-4-3 所示。模型（10-2）检验了两种中心性综合指标与股价暴跌风险的关系，在负收益偏态系数（$NCSKEW$）股价暴跌风险指标下，$CenA$ 的系数为 -0.058，$CenX$ 的系数 -0.0179，并都在 1% 水平上显著。在收益上下波动率（$DUVOL$）股价暴跌风险指标下，$CenA$ 和 $CenX$ 的系数分别为 -0.0326 和 -0.0102，并都在 1% 水平上显著，假设（10-1）得到验证，即上市企业越处于社会网络的中心位置，其股价暴跌风险越低。模型（10-3）检验了结构洞指标和股价暴跌风险的关系，SH 的系数分别为 -0.0685 和 -0.0359，且都在 1% 水平上显著，假设（10-2）得到验证，即上市企业处于社会网络中的结构洞越丰富，其股价暴跌风险越低。

第十章 社会网络位置与公司股价暴跌风险

表10-4-2 相关性分析

变量	NCSKEW	DUVOL	CenA	CenX	SH	TQ	LEV	ROE	TEN	SIZE
NCSKEW	1.000									
DUVOL	0.874***	1.000								
CenA	0.067***	0.060***	1.000							
CenX	-0.071***	-0.063***	0.962***	1.000						
SH	-0.040***	-0.038***	0.610***	0.475***	1.000					
TQ	0.009	-0.001	-0.070***	-0.062***	-0.060***	1.000				
LEV	-0.045***	-0.047***	0.084***	0.072***	0.085***	-0.241***	1.000			
ROE	0.013	0.004	0.028**	0.025**	0.045***	0.072***	0.113***	1.000		
TEN	0.027**	0.029***	0.023**	0.034***	0.032***	0.174***	0.073***	0.217***	1.000	
SIZE	-0.035***	-0.047***	0.164***	0.126***	0.217***	0.448***	0.402***	0.155***	0.315***	1.000

注：*、**和***分别表示在10%、5%和1%的置信水平下显著。

表 10-4-3　社会网络位置特征与股价暴跌风险

	(1)	(2)	(3)	(4)	(5)	(6)
	模型（10-6）				模型（10-7）	
变量	NCSKEW	DUVOL	NCSKEW	DUVOL	NCSKEW	DUVOL
CenA	-0.0580***	-0.0326***				
	(-6.10)	(-5.04)				
CenX			-0.0179***	-0.0102***		
			(-6.60)	(-5.56)		
SH					-0.0685***	-0.0359***
					(-3.15)	(-2.43)
TQ	0.0232***	0.00916*	0.0226***	0.00883*	0.0237***	0.00943*
	(3.14)	(1.82)	(3.06)	(1.75)	(3.20)	(1.87)
ROE	-0.0473	-0.0536	-0.0444	-0.0521	-0.0426	-0.0509
	(-0.71)	(-1.17)	(-0.66)	(-1.14)	(-0.63)	(-1.11)
LEV	-0.145***	-0.0915***	-0.140***	-0.0890***	-0.140***	-0.0883***
	(-3.38)	(-3.13)	(-3.28)	(-3.05)	(-3.26)	(-3.01)
TEN	0.107**	0.0987***	0.115**	0.103***	0.100**	0.0952***
	(2.25)	(3.03)	(2.41)	(3.16)	(2.08)	(2.91)
SIZE	0.0257***	0.00935*	0.0237***	0.00830*	0.0243***	0.00837*
	(3.56)	(1.90)	(3.31)	(1.70)	(3.30)	(1.67)
MARKET	-0.0294	-0.0245*	-0.0298	-0.0246*	-0.0357*	-0.0282**
	(-1.58)	(-1.93)	(-1.60)	(-1.94)	(-1.92)	(-2.23)
YEAR	控制	控制	控制	控制	控制	控制
INDUSTRY	控制	控制	控制	控制	控制	控制
Constant	-0.798***	-0.379***	-0.766***	-0.362***	-0.782***	-0.367***
	(-4.88)	(-3.40)	(-4.70)	(-3.26)	(-4.72)	(-3.25)
Obsevations	8,890	8,890	8,890	8,890	8,890	8,890
R-squared	0.055	0.056	0.055	0.056	0.052	0.054

注：*、**和***分别表示在10%、5%和1%的置信水平下显著。括号内为t值。

（二）股权性质的调节作用回归结果

公司股权性质对管理者网络位置特征与股价暴跌风险之间关系的影响检验结果如表10-4-4所示。从表中可以看出，在模型（10-8）的回归结果中，

第十章 社会网络位置与公司股价暴跌风险

$CenA*SOE$、$CenX*SOE$ 与 $NCSKEW$ 股价暴跌风险指标的系数为 0.0484 和 0.0198，分别在 5% 和 1% 的水平上显著。$CenA*SOE$、$CenX*SOE$ 与 $DUVOL$ 股价暴跌风险指标的系数为 0.0291 和 0.0125，分别在 5% 和 1% 的水平上显著。以上结果表明，股权性质在网络中心度对股价暴跌风险的影响具有调节作用，社会网络中心性降低了股价暴跌风险的能力，在国有上市企业中会被削弱。相比之下，非国有上市企业在社会网络中越处于核心位置，越能降低股价暴跌风险，假设（10-3）得到验证。

表 10-4-4 社会网络位置特征、股权性质与股价暴跌风险

	（1）	（2）	（3）	（4）
	\multicolumn{4}{c}{模型（10-8）}			
变量	NCSKEW	DUVOL	NCSKEW	DUVOL
CenA	-0.0940*** (-5.10)	-0.0543*** (-4.32)		
CenASOE	0.0484** (2.28)	0.0291** (2.02)		
CenX			-0.0325*** (-6.15)	-0.0196*** (-5.42)
CenX_SOE			0.0198*** (3.23)	0.0125*** (3.00)
SOE1	-0.0703*** (-4.41)	-0.0530*** (-4.88)	-0.0689*** (-4.34)	-0.0519*** (-4.79)
TQ	0.0231*** (3.13)	0.00912* (1.81)	0.0224*** (3.04)	0.00875* (1.74)
ROE	-0.0410 (-0.61)	-0.0498 (-1.09)	-0.0366 (-0.55)	-0.0471 (-1.03)
LEV	-0.142*** (-3.31)	-0.0896*** (-3.06)	-0.136*** (-3.18)	-0.0864*** (-2.96)
TEN	0.106** (2.22)	0.0978*** (3.01)	0.117** (2.46)	0.105*** (3.21)

续表

变量	NCSKEW	DUVOL	NCSKEW	DUVOL
SIZE	0.0251***	0.00901*	0.0226***	0.00761
	(3.48)	(1.83)	(3.16)	(1.56)
MARKET	-0.0316*	-0.0259*	-0.0327*	-0.0265**
	(-1.70)	(-2.04)	(-1.76)	(-2.09)
YEAR	控制	控制	控制	控制
INDUSTRY	控制	控制	控制	控制
Constant	-0.762***	-0.358***	-0.717***	-0.331***
	(-4.64)	(-3.20)	(-4.39)	(-2.97)
Obsevations	8,890	8,890	8,890	8,890
R-squared	0.055	0.056	0.056	0.057

注：*、**和***分别表示在10%、5%和1%的置信水平下显著。括号内为t值。

（三）市场发育程度的调节作用回归结果

表10-4-5　CenA因变量分组回归结果

	(1)	(2)	(3)	(4)
	MARKET=1	MARKET=1	MARKET=0	MARKET=0
变量	NCSKEW	DUVOL	NCSKEW	DUVOL
CenA	-0.0578***	-0.0305***	-0.0863***	-0.0564***
	(-5.61)	(-4.33)	(-2.73)	(-2.60)
SOE	-0.0770***	-0.0587***	-0.0447	-0.0419
	(-4.23)	(-4.73)	(-1.10)	(-1.51)
TQ	0.0293***	0.0135**	-0.00688	-0.00770
	(3.07)	(2.07)	(-0.33)	(-0.54)
ROE	0.177	0.0544	0.387	0.215
	(1.44)	(0.65)	(1.56)	(1.26)
LEV	-0.153***	-0.0888**	-0.226**	-0.109
	(-2.98)	(-2.53)	(-2.03)	(-1.44)

续表

变量	NCSKEW	DUVOL	NCSKEW	DUVOL
TEN	0.0991*	0.105***	0.00729	0.0593
	(1.81)	(2.82)	(0.06)	(0.73)
SIZE	0.0253***	0.00944*	0.00788	-0.00301
	(3.06)	(1.68)	(0.43)	(-0.24)
YEAR	控制			
INDUSTRY	控制			
Constant	-0.887***	-0.420***	-0.377	-0.122
	(-4.54)	(-3.15)	(-0.93)	(-0.44)
Obsevations	6,785	6,785	1,453	1,453
R-squared	0.056	0.055	0.076	0.077

注：*、**和***分别表示在10%、5%和1%的置信水平下显著。括号内为t值。

在模型（10-2）的基础上，将样本按照市场发育程度分为高市场发育程度和低市场发育程度两组进行分组回归，高市场发育程度 MARKET 取值为1，低市场发育程度取值为0，回归结果如表10-4-5和表10-4-6所示。表10-4-5显示了 CenA 因变量分组回归结果，在高市场发育程度组，CenA 的系数显著大于低市场发育程度组（-0.0578>-0.0863，-0.0305>-0.0564），表10-4-6显示了 CenX 因变量分组回归结果，CenX 的系数显著大于低市场发育程度组（-0.018>-0.0225，-0.0097>-0.0149）。高市场发育程度地区的企业社会网络中心性降低股价暴跌风险的能力会被削弱，也就是说与高市场发育程度地区相比，低市场化发育程度地区的上市企业社会网络中心度与股价暴跌风险的负相关关系更为显著，假设（10-4）和假设（10-5）得到验证。

表 10-4-6　CenX 因变量分组回归结果

变量	(1)	(2)	(3)	(4)
	MARKET=1	MARKET=1	MARKET=0	MARKET=0
	NCSKEW	DUVOL	NCSKEW	DUVOL
CenX	-0.018***	-0.0097***	-0.0225**	-0.0149**
	(-6.13)	(-4.89)	(-2.43)	(-2.34)
SOE	-0.076***	-0.0584***	-0.0443	-0.0417
	(-4.22)	(-4.71)	(-1.09)	(-1.50)
TQ	0.0286***	0.0132**	-0.00690	-0.00772
	(3.00)	(2.02)	(-0.33)	(-0.54)
ROE	0.180	0.0557	0.382	0.212
	(1.47)	(0.66)	(1.54)	(1.24)
LEV	-0.148***	-0.0864**	-0.217*	-0.104
	(-2.89)	(-2.47)	(-1.96)	(-1.36)
TEN	0.106*	0.109***	0.0209	0.0683
	(1.94)	(2.92)	(0.18)	(0.83)
SIZE	0.0232***	0.00845	0.00547	-0.00457
	(2.83)	(1.51)	(0.30)	(-0.36)
YEAR	控制	控制	控制	控制
INDUSTRY	控制	控制	控制	控制
Constant	-0.851***	-0.403***	-0.354	-0.106
	(-4.38)	(-3.04)	(-0.87)	(-0.38)
Obsevations	6,785	6,785	1,453	1,453
R-squared	0.057	0.056	0.075	0.077

注：*、**和***分别表示在10%、5%和1%的置信水平下显著。括号内为t值。

三、稳健性检验

(一) 考虑滞后影响

考虑到当年的社会网络结构和企业公司数据可能影响到下一年的股价暴跌

风险,将股价暴跌风险指标滞后一期,回归结果如表10-4-7所示。中心性的两个综合指标和结构洞指标系数均在1%水平上显著为负,表明滞后一期因变量回归结果与主体回归并无实质性差异,假设(10-1)与假设(10-2)依然成立,表明结论具有稳健性。

（二）更改自变量取值方式

表10-4-7 滞后一期回归结果

变量	(1) NCSKEW$_t$	(2) DUVOL$_t$	(3) NCSKEW$_t$	(4) DUVOL$_t$	(5) NCSKEW$_t$	(6) DUVOL$_t$
CenA$_{t-1}$	-0.0591*** (-6.18)	-0.0331*** (-5.08)				
CenX$_{t-1}$			-0.0167*** (-6.14)	-0.00949*** (-5.12)		
SH$_{t-1}$					-0.0787*** (-3.60)	-0.0500*** (-3.36)
SOE1$_{t-1}$	-0.0596*** (-3.74)	-0.0486*** (-4.48)	-0.0600*** (-3.77)	-0.0488*** (-4.50)	-0.0631*** (-3.96)	-0.0503*** (-4.63)
TQ$_{t-1}$	0.0476*** (6.40)	0.0295*** (5.83)	0.0469*** (6.32)	0.0292*** (5.77)	0.0483*** (6.48)	0.0301*** (5.93)
ROE$_{t-1}$	0.0281 (0.42)	0.0224 (0.49)	0.0314 (0.47)	0.0242 (0.53)	0.0325 (0.48)	0.0246 (0.54)
LEV$_{t-1}$	-0.122*** (-2.82)	-0.0708** (-2.40)	-0.116*** (-2.69)	-0.0676** (-2.30)	-0.119*** (-2.73)	-0.0701** (-2.37)
TEN$_{t-1}$	0.182*** (3.79)	0.128*** (3.91)	0.190*** (3.95)	0.132*** (4.04)	0.173*** (3.57)	0.121*** (3.68)
SIZE$_{t-1}$	0.0262*** (3.61)	0.0111** (2.25)	0.0238*** (3.30)	0.00978** (1.99)	0.0256*** (3.45)	0.0113** (2.24)
MARKET$_{t-1}$	-0.0435** (-2.32)	-0.0376*** (-2.95)	-0.0448** (-2.39)	-0.0382*** (-1.94)	-0.0494*** (-2.64)	-0.0405*** (-3.18)
Constant	-0.755*** (-4.59)	-0.369*** (-3.30)	-0.716*** (-4.37)	-0.348*** (-3.11)	-0.752*** (-4.51)	-0.376*** (-3.32)
Obsevations	8,889	8,889	8,889	8,889	8,889	8,889
R-squared	0.044	0.044	0.044	0.044	0.041	0.042

注:*、**和***分别表示在10%、5%和1%的置信水平下显著。括号内为t值。

本书采用程度中心度、中介中心度、接近中心度和特征向量中心度4个指标生成的平均数和最大值作为衡量网络中心位置的自变量进行回归，为了使结果更加可靠，将生成的中位数（CenM）和最小值（CenN）用模型（10-2）进行回归。回归结果如表10-4-8所示，在负收益偏态系数（NCSKEW）和收益上下波动率（DUVOL）下，中心性指标均显著为负，社会网络中心性能显著降低上市企业股价暴跌风险，和假设（10-1）结论一致，研究结果具有稳健性。

表 10-4-8 更换自变量回归结果

变量	(1) NCSKEW	(2) DUVOL	(3) NCSKEW	(4) DUVOL
CenM	−0.0678*** (−3.78)	−0.0369*** (−3.01)		
CenN			−0.0852*** (−2.91)	−0.0387* (−1.94)
TQ	0.0234*** (3.16)	0.00927* (1.84)	0.0234*** (3.16)	0.00919* (1.82)
ROE	−0.0462 (−0.69)	−0.0529 (−1.16)	−0.0461 (−0.69)	−0.0523 (−1.14)
LEV	−0.142*** (−3.30)	−0.0895*** (−3.05)	−0.141*** (−3.27)	−0.0877*** (−2.98)
TEN	0.104** (2.18)	0.0973*** (2.98)	0.104** (2.17)	0.0983*** (3.00)
SIZE	0.0243*** (3.33)	0.00846* (1.70)	0.0239*** (3.23)	0.00774 (1.54)
MARKET	−0.0333* (−1.79)	−0.0268** (−2.11)	−0.0359* (−1.93)	−0.0286** (−2.26)
Constant	−0.775*** (−4.71)	−0.365*** (−3.25)	−0.781*** (−4.70)	−0.359*** (−3.17)
Obesvations	8,890	8,890	8,890	8,890
R-squared	0.052	0.054	0.052	0.054

注：*、**和***分别表示在10%、5%和1%的置信水平下显著。括号内为t值。

第五节 本章小结

本章试图探讨管理者的社会地位是否能帮助他消除部分公司未来股价暴跌的风险。首先，基于社会网络分析方法，推演出管理者的社会网络位置中心度的结构洞越多，他能获得的社会资源越多，从而降低公司未来股价暴跌风险。管理者的过度自信偏差，却能使他部分忽视这些重要资源，从而部分抵消社会关系给其带来的好处和资源优势。其次，本节基于中国股票市场2010年—2020年间的数据，证实了中国股票市场管理者的过度自信能减低社会关系对股价暴跌风险的缓释作用。

第十一章

研究结论、启示与研究展望

第一节 研究结论

本书考虑到我国资本市场现状以及特殊的制度背景，并基于行为公司金融学的理论成果，遵循"行为—结果"的研究路径，完全摒弃了"理性人"的假设，同时将投资者、公司管理者和证券分析师的有限理性纳入研究框架中，并借鉴社会心理学的发现，结合中国股票市场的特殊情境，从机构持股、产权制度和社会网络位置等角度，通过规范研究与实证检验，系统、深入地探讨投资者情绪、证券分析师乐观偏差与管理者过度自信对公司股价暴跌风险的影响。本书的主要研究结论如下：

第一，投资者情绪对上市公司的股价暴跌风险存在正相关的影响，也确实是导致股价暴跌的根本原因。当管理者是"完全理性管理者"时，他会对市场上不断高涨的投资者情绪进行理性迎合，通过坏消息隐藏等一系列手段，导致公司未来股价暴跌风险的提高。当管理者是"有限理性管理者"时，投资者情绪还可能造成管理者的过度自信，间接导致公司股价暴跌风险的增加。这意味着，在实际的资本市场中，投资者情绪影响公司股价暴跌还存在另一种方式，即"管理者过度自信的中介效应渠道"。

第二，投资者情绪对证券分析师具有传染效应，能够显著增加分析师的乐观偏差。当投资者情绪加剧上市公司未来的股价暴跌风险时，分析师在该过程中会充当一个"中介"的角色，其乐观偏差也会形成"中介作用"。

第三，在一些公司的持股比例中，机构持股所占的份额较少，那么相对于这种公司，在机构重仓持有的那些公司中，机构投资者扮演着市场稳定器的角色，存在调节效应，投资者情绪对管理者过度自信的正向"塑造"能力更弱，投资者对公司股价暴跌风险的正向驱动作用也更弱。这至少部分归功于"管理者过度自信"所体现的中介效应。

第四,背靠政府的国有上市企业,与无政府背景的民营上市公司相比,投资者情绪对管理者过度自信的影响更大,从而也增强了投资者情绪对公司股价暴跌风险的影响。由此可见,产权性质的确能够在投资者情绪与管理者过度自信等心理因素影响时,发挥其干预和调节的作用。国有产权背景加剧了投资者情绪对公司股价暴跌风险的正向影响,这至少部分归功于"国有管理者的过度自信"所起到的中介效应。

第五,投资者极端情绪对公司股价暴跌具有非对称性影响。投资者情绪包括乐观情绪和悲观情绪,虽然两种情绪均会增加上市公司股价暴跌风险,但是,它们对公司股价暴跌所造成的影响程度是不对称的。投资者在极度悲观或恐慌的情绪下,股价暴跌风险更大,而且暴跌的原因主要是源于非理性的情绪因素。

第六,管理者社交网络位置对公司股价未来暴跌风险具有显著影响。一般而言,公司管理者在社交网络位置的中心度越高,越具有结构洞位置,所获得的社会资本越丰富,则公司未来的股价暴跌风险越低。过度自信的管理者可能会选择忽视这些社会资本,从而导致公司未来股价暴跌风险的增加。

第二节 研究启示

本书围绕中国股票市场参与者(投资者、分析师和管理者)的非理性行为与公司股价暴跌风险的内在机理这一主题,展开了一系列的理论推演和实证检验,得到了一部分有趣而实际的结论。针对这些结论,本书从公司治理、政府监管、外部治理等角度,进行了有益的思考,得出了几点启示。

一、企业加强股价暴跌的风险管控和危机管理

(一)披露企业层面特质信息

我国证券市场存在着大量的个人投资者,这一鲜明特点导致我国股票市场存在着爆炸性的噪声信号。研究发现,与市场层面崩盘相关的负面消息多与上市公司的基础价值无关,但是该负面消息会引起公众的过度关注,改变公众预期,从而扭曲市场价格,造成股市的非理性波动,这时公众往往会质疑自己持有的私有信息,盲目跟风,造成市场集体非理性的抛售股票行为,引发股价崩

盘。根据本书研究发现，上市公司的经营过程会充满各种不确定的影响因素，企业需要及时披露公司层面特质信息，积极利用互联网社交媒体与投资者进行线上沟通，帮助公众合理评估风险水平，以降低公众的情绪，增强公众对风险的正确认知，稳定公众情绪，引导公众更多地关注微观企业层面的个股信息，降低市场上交易双方信息的不对称程度，促使投资者根据客观信息和实际风险做出投资决策，让市场形成理性预期，进而维护金融市场的稳定，减少股票市场未来暴跌的风险。

（二）提高管理者自身素质

本书实证表明，随着高涨的投资者情绪，管理者的过度自信程度也会随之提高。对于管理者过度自信来说，首先要提高管理者的素质，让管理者更好地了解自己，减少非理性行为对经营决策的影响，提高企业绩效。通过加强管理者的文化和能力，可以在进行经营决策时综合考虑多方面的因素，做出更合理的经营决策，从而减少管理者在企业经营中的非理性行为对企业造成的不良后果。

（三）完善管理层监管制度

想要企业能够持续性发展，不仅仅要基于管理者的角度去降低其非理性行为对公司造成的影响并改善其经营管理能力，还需要完善监管制度。一方面，在公司内部建立完善的内部控制制度，形成对管理层的监督，加强惩罚力度，使得管理者不能只维护自己的利益而损害公司以及其他投资者的利益；另一方面，还需要合理的责任追究，尽量削弱管理者在经营管理过程中过度自信所产生的偏差。

（四）稳住资金流注入确定性

众所周知，股价暴跌致使上市公司遭受巨大损失，不利于上市公司持续健康地发展。本书研究发现，我国股票市场上存在普遍的非理性投资决策行为，增加股票市场不确定性程度，进一步加剧股价暴跌对上市公司的影响，因此，在新冠疫情期间公司订单大幅减少，生产难以为继时，市场上消极情绪高涨，上市公司应该稳住企业现金流状况，降低企业破产风险，加强投资者对股价崩盘风险的认知，使公众对企业风险形成一个准确的了解。一些受疫情冲击较大的行业，例如旅游业、制造业、餐饮业等，应该及时了解国家出台的相关政策，及时周转资金为企业注入确定性，防止企业因资金链断裂发生破产危机。陷入疫情冲击的企业应该积极寻找短期融资渠道，采取措施降低企业运营成本，最大限度地维持企业现金链条，争取快速渡过危急时刻。

二、监管部门加强股票市场建设以降低崩盘风险

(一) 发挥监管部门扶持功能

股价暴跌不利于证券市场长期稳定发展,给上市公司经营带来极大的风险,严重阻碍了经济稳定发展的态势。为了防止股价暴跌风险,一方面需要投资者保持理性,减少非理性行为造成的经济损失,另一方面也离不开上市公司积极配合,上市公司应该坚持诚信经营,遵循市场运行的规则制度。同时,监管部门的监管机制也是不可或缺的,监管部门的积极作为可以显著地减少股票市场暴跌的风险。研究发现,新冠肺炎疫情期间,企业资金链面临断裂风险,财务风险增加,市场恐惧情绪蔓延,股价崩盘风险上升。首先,政府可以实施短期性的货币政策,在危机期间帮助受疫情影响严重的企业解决资金链断裂的风险问题,提供差异化的援助,帮助这些企业渡过难关。其次,证券公司可以为此成立专项资金,为上市公司提供现金流,提高资金使用的流动性,优化公司资产负债结构,恢复上市公司的正常经营活动,改善投资者预期,引导其向好发展,保持对股票的持有意愿。

(二) 把握投资者情绪变化规律

我国股票市场噪声交易者众多,投资者喜欢追逐热点,盲目跟风,从众行为异常明显,缺乏成熟的投资者理念,本书研究发现,在新冠疫情期间公众关注度是造成股价崩盘风险的微观机制,因此监管部门应该精准把握公众关注度的变化规律,适时引导公众进行正确的理性投资,提高投资者风险识别能力,发挥监督部门对公众情绪的引导作用,加强对投资者的教育和专业培训,让投资者对股票市场交易机制有个更加专业理性的认识。与此同时精准了解公众关注度可以预测公众行为,在积极响应政府的防疫措施的情况下,充分了解公众的关注需求,使投资者将更多的关注放在上市公司的微观层面,注重上市公司的长期发展的能力,让公众对新冠疫情的风险有个正确的认识,避免由于投资者非理性行为造成股票价格的过度膨胀。

(三) 加强投资者理性教育

我国的股票市场发展较缓,其过程中还存在许多需要进一步完善的地方。我国股票市场中的中小投资者所占比例较大,且大多都没有经过系统培训,也不具有专业的技能,因而容易产生盲目从众的非理性行为。根据本书研究结论,应当加强投资者自身专业知识的教育与培训,进一步提升投资者的决策水平,

促使投资者理性投资。首先，监管部门应该定期举办股票投资知识的线上讲座，加大专业知识的宣传力度，使投资者能够形成浓厚的学习氛围，提高他们的专业投资能力和风险识别能力。其次，监管部门应积极引导投资者理性决策，我国市场个人投资者的羊群行为较为显著，有关部门应及时客观地披露相关信息，打通信息沟通渠道，引导投资者注重微观层面的信息分析，降低公众在突发事件情境下的盲目从众行为，形成理性投资决策。

三、证券分析师提高理性信息传递效率

（一）缓解证券分析师的认知偏差

在股票市场中，证券分析师在解释和传达有关上市公司的信息方面发挥着非常重要的作用。作为上市公司与投资者之间的信息传递中介，证券分析师的执业效率和客观独立性都能有效降低信息的不对称性，帮助投资者进行理性的投资决策。我国证券分析师存在"羊群效应"，导致有些企业分析师关注人数过多，有些企业无人问津，人云亦云现象比较明显，人们对企业经营信息存在一定的认知偏差。由于互联网技术的快速发展，分析师获取信息的方式相似，更容易获得同质化的信息，在互联网信息传播的作用下，更易产生相同的预期，过度关注突发事件而忽略公司层面的特质信息，存在一定的认知偏差，所以证券分析师应该提高自身专业能力来缓解认知偏差。首先，证券分析师应该合理选择跟踪企业，切记人云亦云，应该主动深入了解所跟踪的行业，加深自己对当前经济形势和未来经济变量的认知，提高有关信息解读能力，积极关注上市公司层面的特质信息，提高自身独立的判断能力。其次，内外部经济诱因是影响证券分析师理性决策的重要影响因素，所以证券分析师自身应该坚守职业道德底线，恪守执业操守，对公司和投资者负责，实事求是地将相关信息进行披露和传递，这样才能减少分析师的行为偏差，为投资者发掘企业真实价值，真正做好分析师作为股票市场"守门人"的角色。

（二）加强对行业基本面信息进行披露

本书研究发现，短期内投资者决策导致的股票价格波动与上市公司基本面信息相关性不高，更多的是体现市场和行业等共同信息，因此作为上市公司与投资者之间的连接中介，证券分析师应该充分关注及搜集上市公司基本面信息。首先，在确保合规和公平的前提下，提高证券分析师沟通市场信息的有效性，降低突发事件爆发后短期内股价走势被非理性情绪主导的风险，避免市场出现

反应过度等超常现象。其次，在当前的股票市场中，定价主要还是基于上市公司基本面分析的价值投资理念。证券分析师群体在突发事件期间应加强对上市公司基本面信息的分析能力，充分发挥在各类市场参与者之间信息传递的重要作用，降低投资者信息不对称程度，最大限度提升股票市场信息传递的效率。

四、媒体优化信息报道方式以降低突发事件带来的情绪反转

（一）提高报道策略灵活性

近些年，自媒体信息传播得到了飞速的发展，公众在网络平台发表的极具个人情感色彩的言论在极端的时间里被快速传播，在疫情期间这种言论信息会使公众舆情升高，不断地发酵，让舆情走势最终失去控制，因此在疫情初期官方媒体平台应该快速抢占信息发布时机，防止公众情绪走向极端。首先，在疫情暴发初期，此时市场对疫情的认知尚不明朗，是谣言快速传播的最佳阶段，媒体应该快速及时地发布政府和专家等的权威信息，加快客观权威信息的传播速度，减少虚假信息的传播，降低公众消极情绪传染的风险。其次，在疫情发展的高潮阶段，公众对疫情的关注达到空前的高度，此时市场信息传播秩序相对混乱，各种不同来源的信息混淆在一起，真假信息难以辨别，官方媒体应该积极主动地报道事件的最新进展，加大政府防疫措施等的宣传报道，不要刻意强调疫情严重性程度，以免引起恐慌。最后，在疫情发展后期，此时公众对疫情的关注相对较低，但是社会仍然会有小规模疫情暴发，媒体应该继续跟踪报道，从有利于公众情绪疏导的方向选择性地挑选一些客观事实进行针对性报道，稳定公众情绪，防止情绪极端化。

（二）转变媒体报道方式

长期以来，媒体主要以宣传为核心进行报道，这种说教式报道方式会让公众怀疑报道内容的真实性，不利于媒体公信力的树立，影响公众情绪稳定性。媒体作为外部治理工具，是社会秩序的瞭望塔，应该承担起监督责任，对社会焦点问题进行积极回应，转变传统报道方式，采用更加真实客观的报道态度，防止公众不良情绪的堆积，稳定公众情绪。首先，媒体应该对防疫等知识进行科普，加大对专家发布的信息和最新的科研进展情况的传播力度，这些信息可以转移公众对确诊病例和死亡病例的注意力，缓解公众消极情绪。其次，媒体报道的内容应该尽量以解释与分析为主，这样可以加强信息传播效率，增加媒体公信力。最后，媒体应该准确把握疫情发展的关键节点，根据公众情绪调整

报道方式与内容，关注公众的核心需求及时采取应对措施，对公众情绪进行引导，减少公众负面情绪的传播，控制舆情走向。

第三节　研究展望

本书采用以理论推演和实证检验为主的研究方法，针对中国股票市场的特殊情境，研究股票市场参与主体（投资者、证券分析师和管理者）的非理性对上市公司股价暴跌风险的形成机制的影响，得到了一些有趣而现实的结论，但由于目前与此相关的研究还比较匮乏，本书的研究内容主要是以探索为目的，可能仍存在一些局限与不足之处，有待今后进行更加深入的研究。归纳起来，本书的主要局限之处与未来仍需研究的一些重要问题如下：

第一，指标度量方面。准确测度市场参与主体（投资者、证券分析师和管理者）的非理性是非常困难的。基于数据的可获得性和尽量扩大样本容量两方面考虑，参照前人的经典研究，本书分别测量了投资者情绪、分析师乐观偏差和管理者过度自信。基于股票市场的代表性交易指标等来构建各只股票的投资者情绪综合指数和证券分析师乐观偏差，以及基于公司财务决策来测度管理者过度自信程度，都无法精确识别各类市场参与主体（投资者、证券分析师和管理者）的非理性程度，原因是这类间接指标很容易受到众多不确定因素的干扰和限制。如何进一步精确衡量市场参与主体（投资者、证券分析师和管理者）的非理性或找到合适的工具变量是未来有待继续研究的课题。

第二，研究方法方面。本书主要依据成熟的数据资料库和经典的计量模型和计量方法，在数据选择上，以国泰安经济金融数据库中的公开数据为主要数据来源和分析依据。在计量模型设计中，充分考虑了变量遗漏问题和内生因素影响，然而，仍有可能还存在一些尚未引起关注的影响因素。因此，在以后的深入研究中，我们可以试图融入更加丰富的研究方法，如问卷调查或案例分析等，深入研究市场参与主体（投资者、证券分析师和管理者）的非理性对股价暴跌的影响，进一步获取更有针对性的公司治理措施，更科学而有效地抑制由市场参与主体非理性所带来的负面影响，提高股票市场的有效性和公司治理的科学性。

第三，研究深度方面。一方面，本书缺少直接支持理论框架的模型推演部分。本书结合现有相关文献的研究基础，结合相关心理学和社会学理论，拓展和构建出一个在多市场参与主体（投资者、证券分析师和管理者）的非理性假设下的公司股价暴跌形成机制与逻辑路径的理论体系，但该理论框架缺失了直接的理论模型推导部分，因而研究深度有所欠缺。另一方面，本书缺少公司股价暴跌风险的经济后果研究。本书主要探讨了投资者情绪、分析师乐观偏差、管理者过度自信与股价暴跌风险多方之间的内在逻辑关系与风险传导机制，并且通过嵌入股权结构、产权制度、社会网络等中国情境，考察了不同背景参与主体对公司股价暴跌风险的调节效应。由于理论模型与数据样本的局限性，本书没能考察公司股价暴跌的各类经济后果，是否会因为管理者的理性迎合或者过度自信，导致企业的资本结构进行变动，进而导致资源的无效率配置；抑或公司管理者是否因为其各类理性、非理性行为导致的股价暴跌而受到了惩罚；情绪在驱动公司股价暴跌风险上升的过程中，是否也具有其他的正面效应，如通过管理者过度自信提升企业投资，帮助企业度过低迷时期，提升公司士气和价值；等等。

伴随着中国资本市场的日趋成熟与完善，这些问题亟待进一步深入地研究下去。

参考文献

一、中文文献

[1] 艾永芳, 佟孟华, 孙光林. (2017). CEO 与 CFO 任期交错的公司治理效果研究——基于股价崩盘风险的实证分析. 当代财经 (12), 120-132.

[2] 曹丰, 鲁冰, 李争光, 徐凯. (2015). 机构投资者降低了股价崩盘风险吗? 会计研究 (11), 55-61+97.

[3] 陈国进, 张贻军, 刘淳. (2010). 机构投资者是股市暴涨暴跌的助推器吗? ——来自上海 A 股市场的经验证据. 金融研究 (11), 45-59.

[4] 陈国进, 张贻军, 王磊. (2008). 股市崩盘现象研究评述. 经济学动态 (11), 116-120.

[5] 陈国进, 张贻军. (2009). 异质信念、卖空限制与我国股市的暴跌现象研究. 金融研究 (04), 80-91.

[6] 陈卫华, 蔡文靖. (2018). 基于 LPPL 模型的股市暴跌风险预警. 统计与决策 (05), 143-146.

[7] 陈翔宇, 万鹏. (2016). 代理成本、媒体关注与股价暴跌风险. 会计与经济研究 (03), 45-65.

[8] 褚剑, 方军雄. (2017). 政府审计的外部治理效应: 基于股价崩盘风险的研究. 财经研究 (04), 133-145.

[9] 褚剑, 方军雄. (2016). 中国式融资融券制度安排与股价崩盘风险的恶化. 经济研究 (05), 143-158.

[10] 曹廷求, 张光利. (2020). 自愿性信息披露与股价崩盘风险: 基于电话会议的研究. 经济研究 (11), 191-207.

[11] 曹雅楠, 蓝紫文. (2020). 高管从军经历能否抑制上市公司股价崩盘风

险——基于高管人力资本与社会资本的视角.上海财经大学学报（04），123-137.

[12] 陈嘉琪，冯丽君.（2020）.基于制度环境视角的非效率投资与股价崩盘风险研究.财经理论与实践（06），43-50.

[13] 崔云，董延安.（2019）.管理层能力与股价崩盘风险——基于盈余管理中介效应的检验.财经理论与实践（05），47-54.

[14] 代冰彬，岳衡.（2015）.货币政策、流动性不足与个股暴跌风险.金融研究（07），135-151.

[15] 戴亦一，潘越，刘思超.（2011）.媒体监督、政府干预与公司治理：来自中国上市公司财务重述视角的证据.世界经济（11），121-144.

[16] 丁志国，苏治.（2005）.投资者情绪、内在价值估计与证券价格波动——市场情绪指数假说.管理世界（02），143-145.

[17] 董红晔.（2016）.财务背景独立董事的地理邻近性与股价崩盘风险.山西财经大学学报（03），113-124.

[18] 邓鸣茂，梅春，顾海明.（2020）.行业锦标赛激励与公司股价崩盘风险.上海财经大学学报（05），79-93.

[19] 丁慧，吕长江，陈运佳.（2018）.投资者信息能力：意见分歧与股价崩盘风险——来自社交媒体"上证e互动"的证据.管理世界（09），161-171.

[20] 董纪昌，庞嘉琦，李秀婷，董志.（2020）.机构投资者持股与股价崩盘风险的关系——基于市场变量的检验.管理科学学报（03），73-88.

[21] 傅超，王文姣，何娜.（2020）.客户与审计师匹配关系、监督治理与股价崩盘风险.管理科学（04），67-81.

[22] 顾小龙，李天钰，辛宇.（2015）.现金股利、控制权结构与股价崩溃风险.金融研究（07），152-169.

[23] 郭冬，段居正.（2010）.基于投资情绪的中国股市暴涨暴跌现象研究.经济研究导刊（18），65-66.

[24] 宫义飞，罗开心，龙思橼.（2021）.异常审计费用、审计质量与股价崩盘风险.北京工商大学学报（社会科学版）（01），56-67+80.

[25] 宫义飞，夏艳春，罗开心，王艳.（2020）.上市公司业绩预告偏差对股价崩盘风险的影响—基于内部控制的视角.财经理论与实践（05），53-60.

[26] 顾小龙，刘婷.（2020）.实际控制人所有权、支持机制与股价崩盘风险.山西财经大学学报（09），99-111.

[27] 郝项超, 李政. (2017). 外部冲击对我国股市暴跌的影响研究. 南开经济研究 (06), 131-149.

[28] 何鑫萍. (2018). 银行短期债务、审计质量与股价崩盘风险. 山西财经大学学报 (02), 42-54.

[29] 胡昌生, 池阳春. (2012). 投资者情绪: 理性与非理性. 金融评论 (06), 46-62+122.

[30] 胡国柳, 宛晴. (2015). 董事高管责任保险能否抑制股价崩盘风险——基于中国A股上市公司的经验数据. 财经理论与实践 (06), 38-43.

[31] 花贵如, 刘志远, 许骞. (2011). 投资者情绪、管理者乐观主义与企业投资行为. 金融研究 (09), 178-191.

[32] 华鸣, 孙谦. (2018). 外国投资者降低了新兴市场股价崩盘风险吗——来自"沪港通"的经验证据. 当代财经 (01), 57-67.

[33] 黄德龙, 文凤华, 杨晓光. (2009). 投资者情绪指数及中国股市的实证. 系统科学与数学 (01), 1-13.

[34] 黄新建, 王一惠, 赵伟. (2015). 管理者特征、过度自信与股价崩盘风险——基于上市公司的经验证据. 会计之友 (20), 76-82.

[35] 黄政, 吴国萍. (2017). 内部控制质量与股价崩盘风险: 影响效果及路径检验. 审计研究 (04), 48-55.

[36] 韩艳锦, 冯晓晴, 宋建波. (2021). 基于信息生成环节的分析师关注与股价崩盘风险. 管理学报 (02), 279-286.

[37] 郝东洋, 史莹莹, 张天西. (2020). CEO任职周期、内部控制与股价崩盘风险. 中央财经大学学报 (08), 45-60.

[38] 何瑛, 韩梦婷. (2021). 学者型CEO与上市公司股价崩盘风险. 上海财经大学学报 (04), 121-137.

[39] 黄金波, 陈伶茜, 丁杰. (2022). 企业社会责任、媒体报道与股价崩盘风险. 中国管理科学 (03), 1-12.

[40] 黄萍萍, 李四海. (2020). 社会责任报告语调与股价崩盘风险. 审计与经济研究 (01), 69-78.

[41] 江轩宇, 许年行. (2015). 企业过度投资与股价崩盘风险. 金融研究 (08), 141-158.

[42] 江轩宇, 伊志宏. (2013). 审计行业专长与股价崩盘风险. 中国会计

评论（02），133-150.

[43] 江轩宇.（2013）.税收征管、税收激进与股价崩盘风险.南开管理评论（05），152-160.

[44] 姜付秀，伊志宏，苏飞，黄磊.（2009）.管理者背景特征与企业过度投资行为.管理世界（01），130-139.

[45] 姜付秀，蔡欣妮，朱冰.（2018）.多个大股东与股价崩盘风险.会计研究（01），68-74.

[46] 江婕，邱佳成，朱然，胡海峰.（2020）.投资者关注与股价崩盘风险：抑制还是加剧?.证券市场导报（03），69-78.

[47] 江婕，王正位，龚新宇.（2021）.信息透明度与股价崩盘风险的多维实证研究.经济与管理研究（02），53-65.

[48] 金永红，吉鹏，王祥瑞，奚玉芹.（2021）.分析师预测偏差、投资者异质信念和股价崩盘风险.外国经济与管理（06），90-104.

[49] 康进军，王敏，范英杰.（2021）.媒体报道、会计稳健性与股价崩盘风险.南京审计大学学报（03），32-41.

[50] 孔东民，王江元.（2016）.机构投资者信息竞争与股价崩盘风险.南开管理评论（05），127-138.

[51] 李广子，唐国正，刘力.（2011）.股票名称与股票价格非理性联动——中国A股市场的研究.管理世界（01），40-51+187-188.

[52] 李小荣，刘行.（2012）.CEO vs CFO：性别与股价崩盘风险.世界经济（12），102-129.

[53] 李颖，伊志宏.（2017）.女性分析师更能预测股价崩盘风险吗?经济与管理研究（06），124-136.

[54] 李争光，曹丰，赵西卜，董竞宇.（2016）.机构投资者异质性、会计稳健性与股权融资成本——来自中国上市公司的经验证据.管理评论（07），42-52.

[55] 李志生，杜爽，林秉旋.（2015）.卖空交易与股票价格稳定性——来自中国融资融券市场的自然实验.金融研究（06），173-188.

[56] 李志文，余佩琨，杨靖.（2010）.机构投资者与个人投资者羊群行为的差异.金融研究（11），77-89.

[57] 梁权熙，曾海舰.（2016）.独立董事制度改革、独立董事的独立性与

股价崩盘风险.管理世界（03），144-159.

[58] 林川，杨柏，彭程.（2017）.控制人权力、制度环境与股价崩盘风险——基于创业板上市公司的经验证据.现代财经（天津财经大学学报）（12），36-51.

[59] 林川.（2016）.过度投资、市场情绪与股价崩盘--来自创业板上市公司的经验证据.中央财经大学学报（12），53-64.

[60] 林乐，郑登津.（2016）.退市监管与股价崩盘风险.中国工业经济（12），58-74.

[61] 林树，俞乔.（2010）.有限理性、动物精神及市场崩溃：对情绪波动与交易行为的实验研究.经济研究（08），115-127.

[62] 林永坚，曹国华，沈华玉.（2018）.股票流动性与股价崩盘风险：公司治理和短期行为视角.重庆大学学报（社会科学版）（02），47-65.

[63] 林煜恩，尚铎，陈宜群，池祥萱.（2017）.连续性过度反应对股票价格反转与暴跌的影响.金融评论（04），108-123+126.

[64] 刘春，孙亮.（2015）.税收征管能降低股价暴跌风险吗？金融研究（08），159-174.

[65] 刘桂荣，颜梦雅，金永红.（2017）.对投资者情绪与股市崩盘风险关系的检验.财会月刊（05），39-46.

[66] 刘秋平.（2015）.机构投资者能否发生稳定器作用——基于个股暴跌风险的实证检验.现代财经（天津财经大学学报）（03），27-37.

[67] 刘圣尧，李怡宗，杨云红.（2016）.中国股市的崩盘系统性风险与投资者行为偏好.金融研究（02），55-70.

[68] 鲁训法，黎建强.（2012）.中国股市指数与投资者情绪指数的相互关系.系统工程理论与实践（03），621-629.

[69] 逯东，付鹏，杨丹.（2016）.机构投资者会主动管理媒体报道吗？财经研究（02），73-84.

[70] 罗进辉，杜兴强.（2014）.媒体报道、制度环境与股价崩盘风险.会计研究（09），53-59+97.

[71] 罗进辉，罗劲博，，王笑竹.（2014）.政治联系与股价崩盘风险.当代会计评论（2），25.

[72] 兰袁，咸金坤.（2021）.上市公司"融资分红"与金融市场稳定——

基于股价崩盘风险的视角.山西财经大学学报(01),113-126.

[73] 李炳念,王淳祥,杨光.(2021).股票回购与股价崩盘风险:稳定器还是加速器.现代财经(天津财经大学学报)(04),37-50.

[74] 李健欣,蒋华林,马鹏.(2021).国有企业高管薪酬与股价崩盘风险——"有效管制"还是"过度约束"?中南财经政法大学学报(03),58-68+159.

[75] 李健欣,蒋华林,施赟.(2020).官员晋升压力会增加国有企业股价崩盘风险吗?财经理论与实践(06),51-56.

[76] 李梦雨,李志辉.(2019).市场操纵与股价崩盘风险——基于投资者情绪的路径分析.国际金融研究(04),87-96.

[77] 李庆德,刘嫦,李瑾.(2021).股权投资撬动效应会加剧公司股价崩盘风险吗.国际商务(对外经济贸易大学学报)(01),111-124.

[78] 李伟,张敏,韩晓梅.(2020).股价崩盘风险与审计调整.审计研究(06),106-113.

[79] 李文贵,严涵.(2020).年轻高管与企业股价崩盘风险:来自"代理冲突观"的证据.经济理论与经济管理(11),72-86.

[80] 李学峰,杨盼盼.(2020).机构投资者持股上市公司行业同伴的治理效应.当代财经(10),87-98.

[81] 林川,张思璨.(2019).国际多元化、CEO海外经历与股价崩盘风险——基于创业板上市公司的经验证据.南京审计大学学报(06),61-71.

[82] 刘星,苏春,邵欢.(2021).家族董事席位超额控制与股价崩盘风险——基于关联交易的视角.中国管理科学(05),1-13.

[83] 鲁桂华,潘柳芸.(2021).高管学术经历影响股价崩盘风险吗?管理评论(04),259-270.

[84] 吕大永,吴文锋.(2019).杠杆融资交易与股市崩盘风险——来自融资融券交易的证据.系统管理学报(01),116-122+133.

[85] 马可哪呐,唐凯桃,郝莉莉.(2016).社会审计监管与资本市场风险防范研究——基于股价崩盘风险的视角.山西财经大学学报(08),25-34.

[86] 马超群,田勇刚.(2020).股息率、机构投资者与股价崩盘风险.系统工程理论与实践(12),3019-3033.

[87] 马新啸,汤泰劼,郑国坚.(2021).非国有股东治理与国有资本金融

稳定——基于股价崩盘风险的视角. 财经研究（03），35-49.

[88] 孟庆斌，杨俊华，鲁冰. (2017). 管理层讨论与分析披露的信息含量与股价崩盘风险——基于文本向量化方法的研究. 中国工业经济（12），132-150.

[89] 潘越，戴亦一，林超群. (2011). 信息不透明、分析师关注与个股暴跌风险. 金融研究（09），138-151.

[90] 彭情，郑宇新. (2018). CFO兼任董秘降低了股价崩盘风险吗——基于信息沟通与风险规避的视角. 山西财经大学学报（04），49-61.

[91] 彭旋，王雄元. (2018). 客户股价崩盘风险对供应商具有传染效应吗？ 财经研究（02），141-153.

[92] 裴平，傅顺，朱红兵. (2021). 分析师覆盖、现金流风险与股价崩盘. 华东师范大学学报（哲学社会科学版）（01），142-154+174.

[93] 彭博，王满. (2020). 期望绩效反馈会影响股价崩盘风险吗？——基于中国A股上市公司的实证分析. 财贸研究（01），93-110.

[94] 彭俞超，倪骁然，沈吉. (2018). 企业"脱实向虚"与金融市场稳定——基于股价崩盘风险的视角. 经济研究（10），50-66.

[95] 秦利宾，武金存. (2017). 投资者情绪异质性能影响股价崩盘风险吗？ 金融发展研究（10），76-82.

[96] 权小锋，吴世农，尹洪英. (2015). 企业社会责任与股价崩盘风险："价值利器"或"自利工具"？ 经济研究（11），49-64.

[97] 权小锋，肖红军. (2016). 社会责任披露对股价崩盘风险的影响研究：基于会计稳健性的中介机理. 中国软科学（06），80-97.

[98] 沈华玉，吴晓晖，吴世农. (2017). 控股股东控制权与股价崩盘风险："利益协同"还是"隧道"效应？ 经济管理（04），65-83.

[99] 生洪宇，李华. (2017). 高管团队异质性、多元化经营战略与股价崩盘风险——基于盈余管理和过度投资路径的研究. 财会月刊（35），3-9.

[100] 施先旺，胡沁，徐芳婷. (2014). 市场化进程、会计信息质量与股价崩盘风险. 中南财经政法大学学报（04），80-87+96.

[101] 宋光辉，董永琦，肖万，许林. (2018). 股价崩盘风险与收入差距——股价异常波动经济后果的分析. 预测（01），62-67.

[102] 宋献中，胡珺，李四海. (2017). 社会责任信息披露与股价崩盘风险——基于信息效应与声誉保险效应的路径分析. 金融研究（04），161-175.

[103] 孙刚, 陶李, 沈纯. (2013). 企业避税与股价异动风险的相关性研究. 现代财经（天津财经大学学报）(02), 53-64.

[104] 孙淑伟, 梁上坤, 阮刚铭, 付宇翔. (2017). 高管减持、信息压制与股价崩盘风险. 金融研究 (11), 175-190.

[105] 史永, 李思昊. (2020). 披露关键审计事项对公司股价崩盘风险的影响研究. 中国软科学 (06), 136-144.

[106] 司登奎, 李小林, 赵仲匡. (2021). 非金融企业影子银行化与股价崩盘风险. 中国工业经济 (06), 174-192.

[107] 苏坤, 陈宇思. (2020). 股价崩盘风险研究述评与未来展望. 西安财经大学学报 (04), 37-44.

[108] 唐松, 吴秋君, 温德尔, 杨斯琦. (2016). 卖空机制、股价信息含量与暴跌风险——基于融资融券交易的经验证据. 财经研究 (08), 74-84.

[109] 田高良, 司毅, 秦岭, 于忠泊. (2018). 网络舆情及其应对与上市公司的信息效率. 系统工程理论与实践 (01), 46-66.

[110] 滕飞, 辛宇, 舒倩, 徐莉萍. (2020). 股价崩盘风险时的政府"扶持之手"——基于政府补助及产权性质视角的考察. 会计研究 (06), 49-60.

[111] 田高良, 封华, 赵晶, 齐保垒. (2020). 险中求胜还是只轮不返：风险承担对股价崩盘的影响. 管理科学 (02), 127-143.

[112] 万谍, 王军波, 杨晓光. (2016). 中国股市暴涨暴跌前有迹象吗. 系统工程学报 (05), 643-656.

[113] 万东灿. (2015). 审计收费与股价崩盘风险. 审计研究 (06), 85-93.

[114] 王超恩, 张瑞君. (2015). 内部控制、大股东掏空与股价崩盘风险. 山西财经大学学报 (10), 79-90.

[115] 王冲, 谢雅璐. (2013). 会计稳健性、信息不透明与股价暴跌风险. 管理科学 (01), 68-79.

[116] 王化成, 曹丰, 叶康涛. (2015). 监督还是掏空：大股东持股比例与股价崩盘风险. 管理世界 (02), 45-57+187.

[117] 王健俊, 殷林森, 叶文靖. (2017). 投资者情绪、杠杆资金与股票价格——兼论 2015~2016 年股灾成因. 金融经济学研究 (01), 85-98.

[118] 王雷. (2015). 会计稳健性、产品市场竞争与股价崩盘风险. 南京审计学院学报 (06), 35-44.

[119] 王美今, 孙建军. (2004). 中国股市收益、收益波动与投资者情绪. 经济研究 (10), 75-83.

[120] 王文姣, 傅超, 傅代国. (2017). 并购商誉是否为股价崩盘的事前信号?——基于会计功能和金融安全视角. 财经研究 (09), 76-87.

[121] 王宜峰, 王燕鸣. (2014). 投资者情绪在资产定价中的作用研究. 管理评论 (06), 42-55.

[122] 温忠麟, 张雷, 侯杰泰. (2006). 有中介的调节变量和有调节的中介变量. 心理学报 (03), 448-452.

[123] 温忠麟. 张雷, 侯杰泰, 刘红云. (2004). 中介效应检验程序及其应用. 心理学报 (05), 614-620.

[124] 文凤华, 肖金利, 黄创霞, 陈晓红, 杨晓光. (2014). 投资者情绪特征对股票价格行为的影响研究. 管理科学学报 (03), 60-69.

[125] 吴克平, 黎来芳. (2016). 审计师声誉影响股价崩盘风险吗——基于中国资本市场的经验证据. 山西财经大学学报 (09), 101-113.

[126] 吴战篪, 李晓龙. (2015). 内部人抛售、信息环境与股价崩盘. 会计研究 (06), 48-55+97.

[127] 王爱群, 李静波, 萧朝兴, 陈柔君. (2019). 股价崩盘风险与分析师关注: "趋之若鹜"还是"退避三舍". 上海财经大学学报 (05), 65-84.

[128] 王虹, 何佳. (2019). 高管舆情危机是否扩大了股价崩盘风险. 金融经济学研究 (06), 70-82.

[129] 王娟. (2019). 商业信用融资对股价崩盘风险的影响——基于债务治理效应视角. 经济与管理评论 (03), 108-119.

[130] 汶海, 高皓, 陈思岑, 肖金利. (2020). 行政审计监管与股价崩盘风险——来自证监会随机抽查制度的证据. 系统工程理论与实践 (11), 2769-2783.

[131] 吴定玉, 詹霓. (2020). 管理者过度自信对股价崩盘风险的影响研究——基于并购商誉的中介作用. 金融经济学研究 (05), 108-120+160.

[132] 吴先聪, 管巍. (2020). "名人独董"、管理层权力与股价崩盘风险. 现代财经 (天津财经大学学报) (01), 98-113.

[133] 吴晓晖, 郭晓冬, 乔政. (2019). 机构投资者抱团与股价崩盘风险. 中国工业经济 (02), 117-135.

[134] 肖土盛, 宋顺林, 李路. (2017). 信息披露质量与股价崩盘风险:

分析师预测的中介作用. 财经研究 (02), 110-121.

[135] 谢德仁, 郑登津, 崔宸瑜. (2016). 控股股东股权质押是潜在的"地雷"吗?——基于股价崩盘风险视角的研究. 管理世界 (05), 128-140+188.

[136] 谢盛纹, 廖佳. (2017). 财务重述、管理层权力与股价崩盘风险: 来自中国证券市场的经验证据. 财经理论与实践 (01), 80-87.

[137] 谢盛纹, 陶然. (2017). 年报预约披露推迟、分析师关注与股价崩盘风险. 会计与经济研究 (01), 3-19.

[138] 谢雅璐, 王冲. (2014). 媒体治理、信息不对称与股价暴跌风险. 山西财经大学学报 (07), 36-47.

[139] 辛宇, 李天钰, 吴雯敏. (2015). 上市公司的并购、估值与股价崩溃风险研究. 中山大学学报（社会科学版）(03), 200-212.

[140] 熊家财. (2015). 审计行业专长与股价崩盘风险——基于信息不对称与异质信念视角的检验. 审计与经济研究 (06), 47-57.

[141] 许承明, 宋海林. (2005). 中国封闭式基金价格报酬过度波动的经验分析. 经济研究 (03), 108-118.

[142] 许年行, 于上尧, 伊志宏. (2013). 机构投资者羊群行为与股价崩盘风险. 管理世界 (07), 31-43.

[143] 夏常源, 贾凡胜. (2019). 控股股东股权质押与股价崩盘:"实际伤害"还是"情绪宣泄". 南开管理评论 (05), 165-177.

[144] 谢获宝, 黄大禹. (2020). 财政不平衡与股价崩盘风险. 西南民族大学学报（人文社科版）(10), 111-121.

[145] 熊凌云, 蒋尧明, 连立帅, 杨李娟. (2020). 控股股东杠杆增持与企业现金持有. 中国工业经济 (08), 137-155.

[146] 徐捍军. (2021). 大数据税收征管降低了股价崩盘风险吗?——基于"金税三期"的准自然实验. 上海财经大学学报 (02), 93-107.

[147] 徐业坤, 陈十硕, 马光源. (2020). 多元化经营与企业股价崩盘风险. 管理学报 (03), 439-446.

[148] 杨棉之, 谢婷婷, 孙晓莉. (2015). 股价崩盘风险与公司资本成本——基于中国A股上市公司的经验证据. 现代财经（天津财经大学学报）(12), 41-51.

[149] 杨棉之, 张园园. (2016). 会计稳健性、机构投资者异质性与股价崩盘风险——来自中国A股上市公司的经验证据. 审计与经济研究 (05), 61-71.

[150] 杨文宁, 龙文. (2017). 基于序列比对的沪深指数暴涨暴跌分析. 管理评论 (03), 3-11+39.

[151] 姚文韵, 沈永建. (2017). 资金占用、股价暴跌风险对信息透明度的影响研究. 财经理论与实践 (01), 67-73.

[152] 遥远, 周爱民. (2018). 企业生命周期与股价崩盘风险. 中南财经政法大学学报 (02), 97-105+125.

[153] 耀友福, 胡宁, 周兰. (2017). 审计师变更、事务所转制与股价崩盘风险. 审计研究 (03), 97-104.

[154] 叶康涛, 曹丰, 王化成. (2015). 内部控制信息披露能够降低股价崩盘风险吗? 金融研究 (02), 192-206.

[155] 于传荣, 方军雄, 杨棉之. (2017). 上市公司高管因股价崩盘风险受到惩罚了吗? 经济管理 (12), 136-156.

[156] 余明桂, 夏新平, 邹振松. (2006). 管理者过度自信与企业激进负债行为. 管理世界 (08), 104-112+125+172.

[157] 喻灵. (2017). 股价崩盘风险与权益资本成本——来自中国上市公司的经验证据. 会计研究 (10), 78-85+97.

[158] 严丹良, 张桂玲, 郭飞. (2020). 股价崩盘风险影响公司股份回购决策吗. 山西财经大学学报 (10), 111-126.

[159] 杨国成, 王智敏. (2021). 民营企业参与扶贫能抑制其股价崩盘风险吗. 广东财经大学学报 (02), 86-101.

[160] 杨棉之, 张涛. (2018). 收益平滑与股价崩盘风险. 中央财经大学学报 (11), 71-81.

[161] 杨棉之, 赵鑫, 张伟华. (2020). 机构投资者异质性、卖空机制与股价崩盘风险——来自中国上市公司的经验证据. 会计研究 (07), 167-180.

[162] 杨七中, 章贵桥, 马蓓丽. (2020). 管理层语意与未来股价崩盘风险——基于投资者情绪的中介效分析. 中南财经政法大学学报 (01), 26-36+159.

[163] 叶显, 曹直, 向海凌. (2020). 企业金融资产配置如何影响股价崩盘风险?——基于期限结构异质性视角下的机制检验. 金融评论 (04), 67-83+125.

[164] 易志高, 李心丹, 潘子成, 茅宁. (2019). 公司高管减持同伴效应与股价崩盘风险研究. 经济研究 (11), 54-70.

[165] 尹海员, 朱旭. (2019). 机构投资者异质信息能力与上市公司股价

崩盘风险. 金融经济学研究 (05), 137-150.

[166] 于雅萍, 姜英兵, 王丽娟. (2020). 员工股权激励能够降低股价崩盘风险吗? 系统工程理论与实践 (11), 2784-2797.

[167] 张瑞君, 徐鑫. (2017). 母子公司统一审计与股价崩盘风险. 会计研究 (09), 76-82+97.

[168] 张晓宇, 徐龙炳. (2017). 限售股解禁、资本运作与股价崩盘风险. 金融研究 (11), 158-174.

[169] 张雅慧, 万迪昉, 付雷鸣. (2012). 媒体报道与 IPO 绩效: 信息不对称还是投资者情绪?——基于创业板上市公司的研究. 证券市场导报 (01), 70-77.

[170] 曾爱民, 林雯, 魏志华, 张纯. (2017). CEO 过度自信、权力配置与股价崩盘风险. 经济理论与经济管理 (08), 75-90.

[171] 张多蕾, 张娆. (2020). 会计信息稳健性、投资者异质信念与股价崩盘风险. 财经问题研究 (06), 66-74.

[172] 张军, 刘波, 沈华玉. (2019). 股价同步性与股价崩盘风险——基于信息不对称和公司治理视角. 财经科学 (04), 13-25.

[173] 赵汝为, 熊熊, 沈德华. (2019). 投资者情绪与股价崩盘风险: 来自中国市场的经验证据. 管理评论 (03), 50-60.

[174] 郑雅心. (2021). 高管经营能力、在职权力与股价崩盘风险——基于企业风险承担中介作用视角的分析. 山西财经大学学报 (07), 112-126.

[175] 郑宇新, 薛茗元, 欧鹏. (2019). 媒体背景独立董事与股价崩盘风险. 当代财经 (12), 84-95.

[176] 周泽将, 汪帅, 王彪华. (2021). 经济周期与金融风险防范——基于股价崩盘视角的分析. 财经研究 (06), 108-123.

[177] 朱孟楠, 梁裕珩, 吴增明. (2020). 互联网信息交互网络与股价崩盘风险: 舆论监督还是非理性传染. 中国工业经济 (10), 81-99.

二、英文文献

[178] Hiroyuki Aman. (2013). An analysis of the impact of media coverage on stock price crashes and jumps: Evidence from Japan. Pacific-Basin Finance Journal, 22-38.

[179] Zhe An, Donghui Li, Jin Yu. (2015). Firm crash risk, information environment, and speed of leverage adjustment. Journal of Corporate Finance, 132-151.

[180] Panayiotis C. Andreou, Constantinos Antoniou, Joanne Horton & Christodoulos Louca. (2016). Corporate Governance and Firm-specific Stock Price Crashes. European Financial Management (5), 916-956

[181] Ashbaugh-Skaife, H., Collins, D. W., Kinney Jr, W. R., LaFond, R. (2008). The effect of SOX internal control deficiencies and their remediation on accrual quality. The accounting review, 83 (1), 217-250.

[182] Baker, M., Wurgler, J. (2006). Investor sentiment and the cross-section of stock returns. The journal of Finance, 61 (4), 1645-1680.

[183] Barberis, N., Shleifer, A., Vishny, R. (1998). A model of investor sentiment. Journal of financial economics, 49 (3), 307-343.

[184] Brauer, G. A. (1993). "Investor sentiment" and the closed-end fund puzzle: A 7 percent solution. Journal of Financial Services Research, 7 (3), 199-216.

[185] Gregory W. Brown. (1999). Volatility, Sentiment, and Noise Traders. (2), 82-90.

[186] Brown, G. W., Cliff, M. T. (2004). Investor sentiment and the near-term stock market. Journal of empirical finance, 11 (1), 1-27.

[187] Callen, J. L., Fang, X. (2015). Religion and stock price crash risk. Journal of Financial and Quantitative Analysis, 50 (1-2), 169-195.

[188] Callen, J. L., Fang, X. (2015). Short interest and stock price crash risk. Journal of Banking & Finance, 60, 181-194.

[189] Callen, J. L., Fang, X. (2013). Institutional investor stability and crash risk: Monitoring versus short-termism? Journal of Banking & Finance, 37 (8), 3047-3063.

[190] Campbell, J. Y., Hentschel, L. (1992). No news is good news: An asymmetric model of changing volatility in stock returns. Journal of financial Economics, 31 (3), 281-318.

[191] Cao, H. H., Coval, J. D., Hirshleifer, D. (2002). Sidelined investors, trading-generated news, and security returns. The Review of Financial Studies, 15 (2), 615-648.

[192] Chava, S., Purnanandam, A. (2010). CEOs versus CFOs: Incentives and corporate policies. Journal of financial Economics, 97 (2), 263-278.

[193] Chen, H., De, P., Hu, Y., Hwang, B. H. (2014). Wisdom of crowds: The value of stock opinions transmitted through social media. The Review of Financial Studies, 27 (5), 1367-1403.

[194] Chen, J., Chan, K. C., Dong, W., Zhang, F. (2017). Internal control and stock price crash risk: Evidence from China. European Accounting Review, 26 (1), 125-152.

[195] Chen, J., Hong, H., Stein, J. C. (2001). Forecasting crashes: Trading volume, past returns, and conditional skewness in stock prices. Journal of financial Economics, 61 (3), 345-381.

[196] De Long, J. B., Shleifer, A., Summers, L. H., Waldmann, R. J. (1990). Noise trader risk in financial markets. Journal of political Economy, 98 (4), 703-738.

[197] Doyle, J. T., Ge, W., McVay, S. (2007). Accruals quality and internal control over financial reporting. The accounting review, 82 (5), 1141-1170.

[198] Garfinkel, J. A. (2009). Measuring investors' opinion divergence. Journal of Accounting Research, 47 (5), 1317-1348.

[199] Glaser, M., Weber, M. (2007). Overconfidence and trading volume. The Geneva Risk and Insurance Review, 32, 1-36.

[200] Habib, A., Hasan, M. M. (2016). Auditor-provided tax services and stock price crash risk. Accounting and Business Research, 46 (1), 51-82.

[201] He, G. (2015). The effect of CEO inside debt holdings on financial reporting quality. Review of Accounting studies, 20, 501-536.

[202] Heaton, J. B. (2002). Managerial optimism and corporate finance. Financial management, 33-45.

[203] Ho, C., Hung, C. H. (2009). Investor sentiment as conditioning information in asset pricing. Journal of Banking & Finance, 33 (5), 892-903.

[204] Hutton, A. P., Marcus, A. J., Tehranian, H. (2009). Opaque financial reports, R2, and crash risk. Journal of financial Economics, 94 (1), 67-86.

[205] Jiang, J. X., Petroni, K. R., Wang, I. Y. (2010). CFOs and CEOs:

Who have the most influence on earnings management? Journal of financial economics, 96 (3), 513-526.

[206] Jin, L., Myers, S. C. (2006). R2 around the world: New theory and new tests. Journal of financial Economics, 79 (2), 257-292.

[207] Kim, J. B., Li, Y., Zhang, L. (2011). CFOs versus CEOs: Equity incentives and crashes. Journal of financial economics, 101 (3), 713-730.

[208] Kim Jeong - Bon Wang Zheng Zhang Liandong. (2016). CEO Overconfidence and Stock Price Crash Risk. Contemporary Accounting Research (4). doi: 10.1111/1911-3846.12217.

[209] Jeong-Bon Kim, Yinghua Li, Liandong Zhang. (2011). CFOs versus CEOs: Equity incentives and crashes. Journal of Financial Economics (3). doi: 10.1016/j.jfineco.2011.03.013.

[210] Kim, J. B., Li, Y., Zhang, L. (2011). Corporate tax avoidance and stock price crash risk: Firm-level analysis. Journal of financial Economics, 100 (3), 639-662.

[211] Kubick, T. R., Lockhart, G. B. (2016). Proximity to the SEC and stock price crash risk. Financial management, 45 (2), 341-367.

[212] Lee, W., Wang, L. (2017). Do political connections affect stock price crash risk? Firm-level evidence from China. Review of Quantitative Finance and Accounting, 48, 643-676.

[213] Mendel, B., Shleifer, A. (2012). Chasing noise. Journal of Financial Economics, 104 (2), 303-320.

[214] Piotroski, J. D., Wong, T. J., Zhang, T. (2015). Political incentives to suppress negative information: Evidence from Chinese listed firms. Journal of Accounting Research, 53 (2), 405-459.

[215] Shefrin, H., Statman, M. (1994). Behavioral capital asset pricing theory. Journal of financial and quantitative analysis, 29 (3), 323-349.

[216] Gervais, S., Heaton, J. B., Odean, T. (2011). Overconfidence, compensation contracts, and capital budgeting. The Journal of Finance, 66 (5), 1735-1777.

[217] Stambaugh, R. F., Yu, J., Yuan, Y. (2012). The short of it: Investor sentiment and anomalies. Journal of financial economics, 104 (2), 288-302.

[218] Tetlock, P. C. (2007). Giving content to investor sentiment: The role of media in the stock market. The Journal of finance, 62 (3), 1139-1168.

[219] Xu, N., Jiang, X., Chan, K. C., Yi, Z. (2013). Analyst coverage, optimism, and stock price crash risk: Evidence from China. Pacific-Basin Finance Journal, 25, 217-239.

[220] Yu, J., Yuan, Y. (2011). Investor sentiment and the mean-variance relation. Journal of Financial Economics, 100 (2), 367-381.